영광스러운 가정심방

The Glorious Work of Home Visits

P. G. Feenstra 지음

송동섭 옮김

2013년

레포르만다
REFORMANDA

저 자 | 핀스트라 (Peter G. Feenstra)

- 캐나다 온타리오 궬프 임마누엘 개혁교회(1986. 10 - 1992. 10), 오웬 사운드 개혁교회(1992. 10 - 2007. 8), 현, 그랜드밸리 개혁교회(2007부터) 봉사.

- 저서로는 '그리스도를 경외함으로 피차 복종하라' (가정과 결혼에 대한 설교집), '말할 수 없는 위로' (돌트신경 해설서), '오직 주님만' (아모스서 주석), '보이지 않는 발자국' (가정 경건 모임용).

역 자 | 송동섭 목사

- 합동신학대학원대학교 졸업(1986)
- 해밀턴 캐나다 개혁신학교 이수(2010)
- 현, 전주 자유개혁교회 목사(1996부터)

영광스러운 가정심방

영광스러운 가정심방

The Glorious Work of Home Visits
by Peter G. Feenstra
Translated by DongSup Song
Copyright ⓒ 2013 by DongSup Song

초판 인쇄 | 2013년 6월 24일
초판 발행 | 2013년 6월 31일

발행처 | 레포르만다
주소 | 전북 전주시 완산구 백제대로 13 101-1103 (삼천동1가, 우성아파트)
전화 | 063-252-1996
등록번호 | 제2013-000013호
등록일자 | 2013년 4월 8일

발행인 | 송동섭
지은이 | P. G. Feenstra
옮긴이 | 송동섭

총판 | (주) 비전북출판유통
주소 | 경기도 고양시 일산구 장항동 568-17호 (우) 411-834
전화 | 031-907-3927(대)   팩스 031-905-3927

저작권자 ⓒ 2013 송동섭

이 책의 저작권은 저자에게 있습니다.
내용의 일부를 발췌 및 배포할 경우
서면에 의한 저자와 출판사의 허락을 받으십시오.

값은 표지에 있습니다.
파손된 책은 구입처나 출판사에서 교환해 드립니다.
ISBN 979-11-950539-1-9   03230

Printed in Seoul of Korea

영광스러운 가정심방

The Glorious Work of Home Visits

머리말

"영광스러운 가정심방 사역"이라는 주제는 1999년 11월 6일 온타리오 캐나다 개혁교회 직분자 협의회에서 발표되었습니다. 연설 후의 중간 휴식 기간 동안에 이 주제에 대한 토론과 여러 가지 유익한 제안과 논평들을 보완하여 이 소책자가 만들어졌습니다.

이 책에 제시된 많은 부분은 결코 새로운 것이거나 독창적인 것들이 아닙니다. 게다가 내가 이 주제에 대해 완벽하게 다룬 것도 아닙니다. 이 책은 이 주제에 대한 아이디어들을 수집하고 다양한 자료들을 요약함으로 이 같은 형태를 갖추게 되었습니다.

성경은 RSV를 인용하였습니다. 왜냐하면 이러한 주제에 대한 소재를 개발시켜온 교회들이 이 번역본을 사용하고 있기 때문입니다.

또한 직분자들이 이 책을 활용할 수 있도록 각각의 장들 사이에 메모와 평가를 위한 적당한 공간을 할당하였습니다.

심방에 대한 깊은 인식과 그 중요성을 가질 수 있도록 도움을 준 겔프와 오웬 사운드의 교회들의 시무 장로들에게 진심으로 감사의 말씀을 전하고 싶습니다. 이 장로들의 격려와 지도로 말미암아 가정심방 사역이 얼마나 소중한 것인가를 마음 깊이 깨닫게 되었습니다. 이 장로들은 가정심방에 목사가 참여하는 진가를 알았으며 또한 나에게 심방에 참여할 수 있도록 한 데 대해 그들에게 감사를 드립니다.

특별히 나의 아내 쟈네트와 이 책을 제안하고 교정하며 완성하는 데 도움을 준 샤론 피어슨에게 감사드립니다.

2000년 오웬 사운드에서
P. G. Feenstra

역자서문

캐나다 개혁신학교 유학 중 나에게 모든 수업 자료와 강의노트를 챙겨 주었던 동급생, 지금은 인도네시아 선교사인 팀 시케마(Tim Sikkema)의 고향 그랜드밸리를 방문하게 되었다. 거기에서 그 교회 목사인 핀스트라와의 특별한 인연은 시작되었다. 또 남교우 조찬 세미나가 해밀턴 인근의 그라씨 교회에서 일련의 강사들을 초청하여 개최되었는데, 거기에서 다시 조우하여 이 책의 출판을 의뢰하였다.

후에 해밀턴 신학교에서 목회상담에 관한 특별강좌가 온타리오주 목회자들을 초청하여 열린 적이 있었다. 성황리에 끝난 다음 상담학을 넘어선 개혁교회 목회자로서의 충정을 후배 예비 목회자들에게 간곡하게 세세히 전한 당사자가 핀스트라여서 지금도 그 글을 볼 때마다 감회가 새롭다.

최근 매니토바 칼맨에서 개최된 캐나다 개혁교회 총회 참석 직전 내 손에 들려진 그의 성경묵상집 '보이지 않는 발자국' (Unseen Footprints)은 총회에서의 내 연설문의 화두가 되기도 했다. 가정심방에 대한 그의 이 글은 지금도 내가 목회하고 있는 자유개혁교회를 비롯하여 한국개혁교회(RCK)와 주변의 개혁교회를 지향하는 목회자들에게 실제적인 목회와 심방의 지침으로 은혜로운 신국문화 핵심 사역을 감당케 하고 있다. 오직 은혜, 오직 믿음, 오직 성경, 오직 하나님의 영광, 오직 그리스도로 주님의 몸된 교회를 세우는 일에 이 책이 저자의 소원대로 중요한 기여를 하기를 기원한다.

레포르만다(REFORMANDA)라는 출판사의 이름으로 이 책을 첫 작품으로 출간하여 한국 땅에 명실상부한 개혁교회를 추구 선양하도록, 동일한 신앙고백과 교회 질서를 향유하며 개혁교회라는 아름다운 이름을 나누고 있는 한국개혁교회 동역자들과 회원들, 특히 이런 영광스러운 가정심방을 주고 받은 자유개혁교회 식구들에게 감사를 드린다.

주후 2013년 6월 23일
역자 및 출판사 대표 송동섭

목 차

머리말 … 6
역자서문 … 7

서론 … 12
1. 성경적인 토대 … 14
2. 역사의 유래 … 16
3. 가정 심방의 성격 … 19
4. 가정 심방의 목적 … 20
5. 가정 심방의 유익 … 23
6. 교리 지식 … 25
7. 누가 심방을 하는가? … 27
8. 가정 심방을 위한 준비 … 30
9. 가정 방문 … 32
10. 청년과 독신 회원들 … 38
11. 심방 보고 … 40
12. 심방의 마무리 … 42
결론 … 43

부록 _ 1
  A _ 심방 주제 범례 … 47
  B _ 자녀를 위한 질문들 … 81
  C _ 집사 심방 … 83

부록 _ 2
  한국개혁교회 질서 … 89

부록 _ 3
  한국개혁교회 독노회 규칙 … 117

부록 _ 4
  교회 방문단 질문 목록 … 127
  장로 · 집사 선거규칙 … 140

영광스러운 가정심방

The Glorious Work of Home Visits

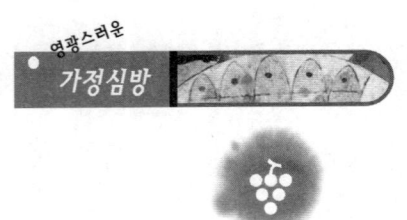

서론

    매년 가을이 다가오면, 교중의 생활은 아주 풍요로워집니다. 성경 연구회와 교리 공부반이 진행중이고, 또한 가정심방이 있기 때문입니다.

    매년마다 심방을 하는 이유가 무엇입니까? 이것이 정말로 교중의 생활에 유익을 주고 있습니까? 아니면 단지 우리가 매년 반복하는 관행에 불과한 것입니까? 또한 여러분은 가정심방의 의미가 퇴색되지 않도록 충분한 가르침을 받고 있습니까? 그러면 심방이 퇴보하는 것을 방지하고 심방이 제 위치에 정초되기 위해서는 어떤 방안이 있겠습니까?

    심방을 수행하는 직분자들은 자신들이 감당해야 하는 그 일들에 대해 자신들이 아직 준비가 잘 되어 있지 않거나 부적합하다고 느끼는 경우가 종종 있습니다. 수많은 장로들과 목사들이 그 과업의 무게에 압도되어 자신의 머리에 죄책감을 수반하고서 그들의 사역을 수행하고 있다는 것은 놀랄 만한 일입니다. 나는 여러분이 주의 포도밭과 그의 양 무리 가운데서 사역을 수행하는 데에 이 책을 통해 용기와 격려를 받을 수 있기를 기도하는 바입니다.

    가정심방이라는 과업이 때로는 많은 중압감을 준다 할지라도 주님은 우리가 기쁘고 즐겁게 우리의 사역을 감당하기를 원하십니다. 참으로, 가정심방을 사역하는 것은 그리스도의 교회 성장을 위해 봉사하는 것이므로 영광스러운 사역입니다. 그러므로 우리는 자기 연민이나 자신이 가정심방 사역에 부적합하다는 생각은 내던져버리고 주님께서 주신 은사들과 달란트로 우리에게 맡겨진 과업을 감당해야 합니다.

가정심방은 말씀을 인격적으로 적용하기 위한 설교의 확장입니다. 설교를 통한 교중의 일반적인 돌봄은 가정 방문으로 개별화되어집니다. 가정심방은 설교의 메시지를 집으로 가져가는 것입니다. 또한 그것은 설교된 메시지를 교회의 교중들이 어떻게 실천하고 있는지를 알 수 있게 합니다. 바로 여기에서 직분자들은 설교가 열매를 맺고 있는지를 측정할 수 있고 교회 회원들에게 자신의 영적인 맥박을 느낄 수 있도록 기회를 제공해 줄 수 있는 것이 바로 가정심방입니다.

진정으로 우리의 마음과 영혼과 힘을 다하여 하나님을 사랑하고 우리의 이웃을 우리 자신처럼 사랑함으로써 주께 영광을 돌리는 것이 우리 삶의 모두입니다. 가정심방은 우리의 삶의 목적에 우리를 근실히 고정시킵니다 (신 6:4,5; 마 22:37-40). 이러한 가정심방을 통하여 교회 회중들은 주님 앞에서 순전하고, 흠이 없는 경건한 삶을 영위하기 위하여 권면과 격려를 받을 수 있으며 교중들 서로서로 믿음과 사랑과 거룩 안에서 세워질 수 있습니다. 직분자와 교회의 교중 모두는 영적인 고립을 방지하기 위하여 주님에 대한 그들의 사랑의 교통을 배워야 할 것입니다. 가정심방은 우리에게 선한 그리스도인의 교제를 발전시킬 수 있는 기회를 제공해 줍니다.

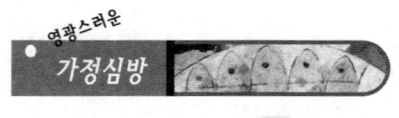

1. 성경적인 토대

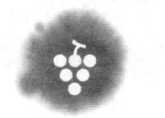

사도 바울은 에베소 장로들에게 행한 고별설교에서 그는 교중 속에서의 장로들의 사역을 재검토하였습니다. 사도는 "나는 유익한 것은 무엇이든지 공중 앞에서나 집에서나 꺼림이 없이 너희에게 전하여 가르치고…"라고 말했습니다(행 20:20). 교회의 직분자들은 양 무리의 안녕을 진정으로 돌보는 목자로서 교중의 가정을 심방합니다(벧전 5:2,3). 교중들이 그리스도 안에서 자라도록 돌보고 성신의 열매를 맺도록 보살핍니다.

장로들의 목회적인 과업은 각각 그리고 모든 양들의 개별적인 돌봄을 내포하고 있습니다. 양의 목자가 양의 개별적인 필요를 돌보지 않을 수 있겠습니까? 그는 길 잃고 방황하는 자들을 찾을 것이고 또 상처받은 자들을 위로할 것입니다. 그는 위험으로부터 양 무리를 인도하여 보호할 것입니다. 어미 양이든 어린 양이든 모두가 목자의 관심의 대상입니다. 그리스도의 양 무리의 목자들로서 장로들은 반드시 선하신 목자장이신 그리스도의 본을 따라야만 합니다(요 10장).

게다가 그리스도의 사랑이 반드시 장로의 사역을 통제해야 합니다. 장로들은 자기 감독 아래에 있는 사람들을 멍에가 쉽고 짐이 가벼운 우리 구세주의 구속사역에로 이끌어야 합니다(마 11:28-30; 고후 5:14,15). 직분자들은 주님을 향한 열정과 당신의 백성을 향한 깊은 사랑을 가지고, 겸손하며 돕고자 하는 마음으로 그 사역을 감당해야 합니다.

또한 가정심방사역은 회원 개개인의 영혼을 경성하게 하는 방법들 중의 하나입니다(겔 3:16-21; 33:1-9). 교중은 자기 집에 방문하는 직분자들을 하나님의 도성을 지키는 파숫군으로 받아들여야 합니다. 히브리서 저자는 다음과 같은 적당한 말씀을 기록했습니다. "너희를 인도하는 자들에게 순종하고 복종하라. 저희는 너희 영혼을 위하여 경성하기를 자기가 회계할 자인 것 같이 하느니라. 저희로 하여금 즐거움으로 이것을 하게 하고 근심으로 하게 말라. 그렇지 아니하면 너희에게 유익이 없느니라"(히 13:17).

직분자들이 교중의 영혼을 참되게 돌보는 곳에서는 시편 142편의 불평이 들려지지 않을 것입니다. "내가 우편을 살폈는데, 보소서, 나를 아는 자도 없으니, 내게는 피난처도 없으며 내 영혼을 돌아보는 자도 없나이다"(시 142:4). 양 무리의 하나하나를 걱정한다면, 우리는 사도 요한과 같이 말할 수밖에 없습니다. "사랑하는 자여 네 영혼이 잘됨과 같이 네가 범사에 잘되고 강건하기를 내가 간구하노라"(요삼 2절).

2. 역사의 유래

가정방문, 혹은 심방은 종교개혁 세대부터 잘 알려진 풍습입니다. 교회 역사를 살펴보면, 16세기의 종교개혁 시기 전까지는 실제적으로 이러한 가정 방문의 풍습의 흔적을 찾아볼 수 없습니다. 오랜 세월동안〔중세시대의〕 고해성사(auricular confession)가 신자 개개인들이 상담과 돌봄과 인도를 받는 방편이었습니다. 신부神父에게 하는 이런 고백(고해성사)은 용서를 구하고 죄를 사함 받을 뿐 아니라, 목회적인 도움을 구하기도 하는 것이었습니다.

16세기의 종교개혁자들은 이 관행을 정죄하였고 또 비성경적이라고 생각했습니다. 마틴 루터가 고해성사를 '정화시키고자' 한 데 비하여, 칼빈은 이 관습을 완전하게 폐지해버렸습니다. 대신에 칼빈은 장로들을 교중의 회원들에게 보내어 목회적인 돌봄을 받을 수 있는 형식을 선보였습니다. 고해성사가 실행되던 때에는 교회의 회원들이 목사에게 가야 하기에 장로라는 직분이 쇠퇴되었습니다.

그러나 가정심방이라는 반대 순서(역자 주: 교중의 회원이 목사에게 가는 것이 아니라, 장로가 교중에게 가는 것)가 자리를 잡게 되었습니다. 장로들과 목사는 교중의 각 가정을 방문하여 교중들과 만났습니다.

우리는 목사들이 그들의 집무실에서 중요한 목회적인 심방과 상담으로 나아감으로써 교회들의 관행에로 후퇴하지 않았다는 것을 주목할 필요가 있습니다. 또한 어려운 문제들이 있을 때에, 교회 회원들은 목사만을 방문하기보다는 오히려 장로들을 초청하여 격려를 받아야 할 것입니다(약 5:13-15).

칼빈이 쓴 제네바 교회의 교회질서인 교회규약(Ordonnances Ecclesiastiques:

1561)에서, 가정심방의 성격이 자세하게 설명되어 있습니다. 이로부터 우리는 가정심방이 목사가 장로와 동행하여 행해졌다는 것을 배울 수 있습니다. 가정심방은 주의 만찬에 참여하는 것이 합당한지를 살피기 위해서 정립되었습니다.

몇몇 화란 대회와 회의에서 가정심방 문제가 다루어졌습니다. 1568년의 베젤회합(The Convent of Wesesl)은 가정심방을 장로들의 책무 중 하나로 포함시켰습니다. 심방이란, 장로들이 자기 구역에 있는 회원들을 돌보는 것으로 소개되어 있습니다. 심방이란 주의 만찬을 거행하기 이전에 행해졌습니다.

> 장로들은 교회 회원들이 행보와 행실로, 경건한 의무들로, 가솔들에게 신실하게 교훈하는지, 가정에서 아침저녁으로 함께 기도하는지, 이와 같은 문제들에 있어서 스스로를 올바르게 드러내는지 어떤지를 신실하게 살핀다.
> 장로들 또한 정중하게 이 의무들을 할 수 있도록 권면하되, 또한 참으로 진지함으로 또 상황과 환경에 따라 한다.
> 장로들은 교중들이 흔들리지 않게 권면하고, 인내하도록 격려하며, 하나님을 진정으로 경외케 하는데 전력을 다 한다.
> 위로나 권면이 필요할 때에 장로들은 위로하고 권면해야 하며, 또 필요할 때에 장로들은 동료 장로들에게 보고해야 하며, 그리고 그는 동료 장로들과 함께 권징을 실행하기 위해서 임명되었다.
> 또 이러한 문제 이외에도 장로들은 죄를 범한 경중에 따라서 교정해야 할 사람들을 교정한다.
> 또 장로들은 자기 구역 안에서 회원들이 그 자녀들을 교리문답반에 보내도록 고무하는 것도 잊어서는 안 된다.

가정심방과 주의 만찬 사이의 연관성은 네덜란드 종교개혁시기 첫 수십

년 동안 잘 유지되어 왔습니다. 그러나 세월이 지나가면서 이 연관성이 점점 더 희미하게 되었습니다. 비록 주의 만찬시에 심방하는 관행이 완전히 사라지지 않았다고 하더라도, 가정심방은 일반적으로 교회 생활의 관심을 모으게 되었습니다.

오늘날에도 장로들은 가정심방의 역사적인 배경과 주의 만찬의 거행이 강력한 결속을 형성하고 있다는 사실을 인식해야만 합니다. 성신에 의해서 공급되는 은혜의 방편이 있기 때문에 설교와 성례의 중요성에 대해서 잠잠해서는 안 됩니다.

주의 만찬은 교회가 그리스도와 그의 지체들 간에 경험하는 교제를 가시화시키는 것입니다. 주의 만찬은 교회 생활의 최절정입니다. 그러므로 가정심방시에 장로들은 그리스도께서 성찬을 제정하신 대로 이 성례를 계속해서 사용해야 한다는 사실을 교회의 개개 회원들에게 상기시켜야만 합니다.

비록 종교개혁 당시의 교회들은 교회생활의 포괄적인 상황에서 가정심방을 보는 것이 합당하다고 할지라도, 장로들은 주의 만찬의 거행과 관련하여 질문들을 계속해야 합니다. 예를 들면 이렇습니다.

"성찬을 준비하고 또 자기 성찰을 위해서 시간을 내고 있습니까?"
"여러분은 어린양 혼인잔치를 고대하면서 주의 만찬을 기념하고 있습니까?"

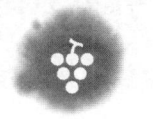

3. 가정심방의 성격

직분자들이 임직할 때에 그들은 맡은 바 자기 직분의 책임을 신실하게 감당하겠다고 약속합니다. 그리스도 양 무리들의 선한 목자이자 하나님의 집을 지키는 신실한 파숫군으로서 장로들은 교회를 감독하고, 비탄에 빠진 사람들을 위로하고, 고집불통인 사람들을 책망하는 일에 부지런해야 합니다.

장로들은 참고 인내하면서 모든 회원들이 신실하고도 경건하게 살아갈 수 있도록 권면하고, 책망하고 위로하고 격려해야 합니다. 이 장로직분은 참으로 위엄 있는 과업입니다. 그러므로 교회 회원들은 이 직분자들이 지혜와 용기와 분별력과 자비를 부여받도록 이들을 위해서 계속해서 기도해야 합니다.

만일 우리가 장로 직분의 성격을 숙지한다면, 우리는 가정 방문의 성격을 더욱 쉽게 인식할 수 있을 것입니다. 장로들은 가정의 친구나 허물없는 사이가 아니라 그리스도의 대사로서 가정 방문을 해야 합니다. 장로들은 그리스도의 이름과 그분의 권위를 가지고 갑니다.

교중과 직분자들은 반드시 가정심방 동안 줄 곧 이 사실을 깊이 인식하고 있어야 합니다. 장로들은 자신의 지혜로 각 가정에 가서는 안 되며, 회원들 각자나 전체를 하나님의 말씀으로 위로하고 교훈하고 권면하도록 해야 합니다.

교중은 설교시에, 교리문답시에, 또 새로이 가정심방이 시작되는 시점에 이 사실을 반드시 상기해야만 합니다. 왜냐하면 이 직분을 가진 장로들에게 반드시 합당한 존경을 보여야만 하기 때문입니다. "너는 이것을 말하고 권면하며 모든 권위로 책망하여 누구에게든지 업신여김을 받지 말라" (딛 2:15).

4. 가정심방의 목적

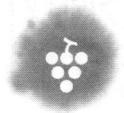

  범국가적 돌트 총회에 따르면 가정심방의 삼중적인 목적은 첫째로 회원들이 믿음으로 살도록 격려하며, 둘째로 역경 가운데 있는 회원들을 위로하며, 셋째로 교리와 생활의 오류를 지적하여 그들에게 경고하는 것입니다. 우리의 마음에 이 삼중 목적을 명심하는 것은 유익할 것입니다.

  우리 교회질서는 장로 과업을 정의할 때에 가정 방문의 삼중 과업을 반영해 놓았습니다. 교회 질서에서 장로들은 "교회 회원들의 가정을 신실하게 방문하여 하나님의 말씀으로 위로하고 교훈하고 충고하고, 잘못된 행동을 하는 자들을 책망해야 한다"고 했습니다(교회질서 제22항). 그러므로 가정 방문의 궁극적인 목적은 교회에 덕을 세우고 동시에 주님의 방식으로 교회가 성장하는 것입니다.

  교회, 즉 교회 회원들 각자가 반드시 그리스도 안에 거해야 하며 동시에 그로 인하여 살아야 합니다. 단지 이렇게 할 때에만 우리가 "다 하나님의 아들을 믿는 것과 아는 일에 하나가 되어 온전한 사람을 이루어 그리스도의 장성한 분량이 충만한 데까지 이르리니 이는 우리가 이제부터 어린아이가 되지 아니하여 사람의 궤술과 간사한 유혹에 빠져 모든 교훈의 풍조에 밀려 요동치 않게" 될 것입니다(엡 4:13-14).

  가정 방문은 교회의 모든 회원들이 주님이 주신 기쁨과 힘으로 살도록 그 회중의 복지를 위한 것으로 의도되었습니다. 가정 방문시에, 장로들은 그 회원들로부터 그들이 교리상 건전하며 책망받을 만한 행실이 없다는 개인적인 증명서를 받는 것입니다.

우리 선조들은 종종 가정심방을 공식적인 점검 방문으로 생각했습니다. 퐁크(C. Vonk, 하나님의 교구 심방⟨Huisbezeok in Gods gemeente⟩, 하나님의 명령에 따른 심방⟨Huisbezoek naar Gods geboden⟩)는 가정심방을 다루는 두 권의 책을 저술하면서 이 입지를 특별하게 옹호했습니다.

그는 장로의 과업은 방문하고 있는 회원들이 하나님 나라의 자녀들인지를 살피는 것이 아니라, 하나님 나라의 시민들이 그 나라의 법에 일치하게 살고 있는지, 즉 이들이 실제로 자신의 전 존재를 하나님 나라의 법으로 묶어 살고 있는지 어떤지를 살피는 것이라고 말했습니다.

장로들은 십계명을 지침서로 사용하여 설교가 실제적으로 교회 회원들의 생활에 열매를 맺고 있는지를 찾아내야 합니다. 십계명은 가정심방 요강의 열 가지 핵심 사항으로 간주됩니다. 설교자들은 말씀〔의 씨를〕을 뿌려야 하고 또 장로들은 열매를 거두어야 합니다.

장로들을 통해서 주님께서 당신의 백성들을 방문하십니다. 만일 십계명이 심방 주제로 사용된다면, 더욱이 주님의 법령은 우리 주 예수 그리스도를 믿는 믿음과 감사라는 맥락 안에서 우리에게 다가온다는 사실을 마음에 꼭 숙지해야 합니다.

장로들의 사역은 강단으로부터의 분명하고 견실한 가르침이 뒷받침될 때 크게 고양되는 바, 그런 강단이 하나님의 백성들로 하여금 왜 자기들이 그리스도의 회중인지 그리고 마땅히 주님과 서로를 위해서 어떻게 살아야 하는지를 알도록 지도해주기 때문입니다. 효과적인 설교는 명확하며 정곡을 찌릅니다. 하나님의 백성들은 장로들이 그리스도 안에 소유한 부요함으로 양육받되 이 강단으로 말미암아 어떻게 믿음의 참된 열매로 스스로를 나타내야 하는지를 보이게 됩니다.

양 무리의 목자로서, 장로들은 양 무리의 안녕을 위해서 이를 감독합니다. 위대한 목자장이신 예수 그리스도는 그의 직분자들을 통해서 보살피십니다. 만일 양들이 길을 잃고 방황한다면, 그때 목자는 반드시 하나님 말씀의 푸른 초장으로 양들을 되돌려야만 하고 또 양 우리에 넣어 보호해야 합니다.

장로들은 결코 가정심방을 [회원들이] "불평 불만을 늘어놓는 장"으로 전락시키도록 내버려두어서는 안 됩니다. 어떤 회원이 여러 가지 의문점들과 관심사를 가지고 있다면, 이 회원은 장로들의 가정심방 말미에 이런 것들을 꺼내어놓을 수 있으나, 장로로 하여금 가정심방의 목적으로부터 이탈하도록 해서는 안 됩니다.

게다가 장로들은 가정심방이 심방의 목적과 상관없이 여항閭巷간의 대소사에 대한 사소한 잡담으로 표류하지 않게 해야 합니다. 심방을 시작할 때에 어떤 사소한 담소가 모든 참여자들을 편안하게 좌정하도록 기여할 수도 있으나, 그러나 거기에 너무 많은 시간을 빼앗기지 않도록 해야 합니다.

5. 가정심방의 유익

가정심방의 유익들은 여러 가지 이유로 도전을 받아왔습니다. 차라리 그러한 반대 입장들을 언급하고 평가하는 데 시간을 보내는 것보다, 가정심방의 유익을 더욱 논리정연하게 제시하는 편이 더 나을 것입니다. 드 용 (P. Y. De Jong)은 '양무리를 치라'(Taking Heed to the Flock)는 책에서 직분자와 회중 모두를 위해 가정심방의 영적 가치를 적절하게 기술하였습니다.

장로들은 다음과 같이 가정심방으로 인한 유익을 얻습니다.

- 장로들에게 가정심방을 수행하도록 하심으로 주님께서는 세워두신 장로들에게 그 양무리의 영적 상태를 파악하도록 하십니다.
- 자신들을 장로들로 두어두신 그 신자들이 은혜의 방도들을 사용함으로써 영적으로 진보하는지 아닌지를 알 수 있습니다.
- 하나님의 백성들 가운데서 복음의 원리로부터 심각하게 타락한 실례들이 점점 더 희소해지는 결과를 가지고, 장로들에게 예방적인 과업에 참여할 수 있는 필요적절한 기회가 주어집니다.
- 이와 같은 가정심방은 신자들의 영적인 일치를 고무시킵니다.
- 그리스도인의 사랑과 협조의 정신을 장로들로 하여금 실천적으로 증시할 수 있게 합니다.

교중은 다음과 같이 가정심방으로 인한 유익을 얻습니다.

- 교중은 살아있는 교회의 회원들로서 영적인 생활에 관련된 제반 문제들을 상의하는 것의 진가를 더욱 분명하게 감지할 수 있습니다. 종종 신자들이 자신 안에 있는 소망을 언급하면 할수록, 날이면 날마다 자신의 생활에서 받은 하나님의 은혜의 능력을 더욱 쉽게 증거할 수 있습니다.
- 가정심방은 교회의 지도자들에 대한 확신을 세워줍니다. 만일 회원들이 공적인 예배 시간에만 장로의 직분 수행 역량을 본다면, 두 당사자 간, 교중과 직분자들 사이의 괴리감은 쉽게 불신감으로 증폭되고 오해를 낳게 됩니다.
- 장로들의 가정심방시에 참여하게 된 사전 예방 사역은 신자들의 생활로 하여금 더욱 일관된 그리스도인의 삶을 살 수 있도록 도와줄 것입니다.
- 가정심방 사역은 항상 그리스도인의 생활 방식에 대해 더 많은 것을 배울 수 있는 좋은 기회를 제공해 줍니다.
- 장로들이 가정심방을 통해 그리스도인의 가정으로서 함께 사는 이상적인 모범을 효과적으로 제시할 수 있습니다. 우리 하나님은 언약의 하나님으로, 우리의 자녀들이 주님을 경외하고 그들을 주의 훈계로 양육하는 엄숙한 서약 하에 그들에 대한 하나님의 은혜로우신 약속들을 부모에게 두어두신 분이십니다.

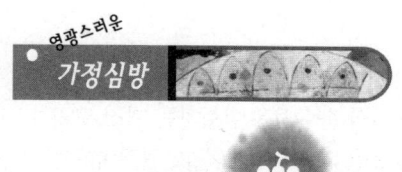

6. 교리 지식

우리는 직분자들로서 회원들의 가정에 하나님의 말씀을 가지고 들어갑니다. 우리가 교중들을 무장시키기 위해서는 자신들이 먼저 성경과 개혁교회 교리들로 반드시 무장해 있어야 합니다. 우리의 개인적인 헌신과 하나님의 말씀에 대한 공부를 통해서 지식 안에서 계속 자라가야 하는 것이 중요합니다.

바울은 장로로 섬기는 사람들은 "미쁜 말씀의 가르침을 그대로 지켜야 하리니 이는 능히 바른 교훈으로 권면하고 거스려 말하는 자들을 책망하게 하려 함이라"(딛 1:9)고 디도에게 썼습니다.

교회 회원들이야말로, 자신들의 집을 방문하는 직분자들이 자만감이나 개인 비망록을 들고 그들의 집을 방문하는 것이 아니고, 성경에 철저하게 근거를 두고 또 하나님의 말씀의 교리에 확고하게 선 지도자들로 자기들의 가정을 방문하는지를 반드시 살펴야하는 당사자들입니다.

장로는 반드시 하나님의 말씀과 이 말씀으로부터 흘러나오는 교리를 기꺼이 배우고자 하고 동시에 배운 것을 서로 나눌 수 있는 학생이어야 합니다. 그래서 또한 성경과 교리에 반대하는 사람들을 논박할 준비를 늘 하고 있어야 합니다. 교회질서 제27항은 장로와 목사 직분에 대해서 디도에게 교훈한 것을 적용하였습니다.

"교중에게 들어올 수 있고 또 교리와 행실의 순수성을 위협하는 거짓 교리와 오류들을 피하기 위해서 목사들과 장로들은 교훈, 논박, 경고, 권책이라는 방편을 사용해야 할 뿐 아니라, 기독교 교리와 가정심방과 설교를 사용해야 할 것이다"(교회질서 제27항).

교중들은 강단과 가정심방을 방편으로 거짓교리를 방어하도록 반드시 가르침을 받아야만 합니다. 거짓교리를 방어할 수 있는 가장 효과적인 수단은 다른 사람들이 믿고 있는 바를 쳐 부숴뜨림으로써가 아니라 진리의 말씀에 자신을 철저히 젖어들게 하는 것입니다.

우리는 세상 안에 있는 모든 거짓 교리들을 다 알 수 없고, 오히려 그 요점들을 빠뜨릴 수도 있습니다. 그러므로 우리는 반드시 건전한 교리를 알고 또 그대로 살아야만 합니다.

7. 누가 심방을 하는가?

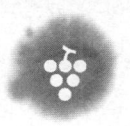

어떤 교파에서는 단지 장로 한 사람만 가정을 방문합니다. 이렇게 함으로 친밀함의 여지를 더 줄 수 있다고 생각해서입니다. 그렇지만 우리가 가정심방의 공적인 성격을 고려한다면 장로는 두 사람 (혹은 목사 한 사람과 장로 한 사람)이 반드시 있어야 합니다. 그러면 당회에 하는 보고가 신명기 17장과 마태복음 18장의 규칙에 따라서 이루어질 수 있습니다.

이것은 개인적인 차원에서 자기 구역의 회원들과 친밀하도록 하기 위한 각 장로들의 개인적인 책임을 빼앗는 것이 아닙니다. 이를 위해서는 별도로 시간을 내어 자기 구역 회원들과 접촉해야 합니다. 장로들이 자신들의 구역과 친숙해지고 또 기꺼이 모든 일에 하나님의 말씀에 복종하고자 할 때에 그들은 영혼들을 지키는 참된 파숫군이 될 것입니다(히 13:17).

가정심방이 종교개혁 교회들에 의해서 최초로 도입되었을 때에 장로 한 명을 동반해서 목사가 수행했습니다. 대부분의 교회에서는 이것이 더 이상 실행되지 않습니다. 그럼에도 불구하고 목사가 장로 한 사람을 동반하여 직분적인 가정심방사역이 수행될 때에 교중과 목사 모두에게 유익한 것입니다.

목사들은 어려움에 처한 개인들 가정에만 발걸음을 하기 때문에, 회중의 왜곡된 상을 형성할 수 있습니다. 대부분의 목사들이 필시 가정심방을 하고자 할 것이나 그러나 그렇게 할 시기를 잡지 못합니다. 바로 이런 이유 때문에 장로들과 집사들은 목사들로 하여금 더 많이 자유로운 방문 시간대를 확보할 수 있도록 다양한 방법들을 모색해야 합니다.

예를 들면 목사들이 곧 바로 가담해야 하는 (병자나 독신이나 노인 등의) 가정 중 일부를 심방할 수 있도록 하거나, 목사가 수행하기를 기대하는 모든 일들이 과연 목사 본연의 직무에 속한 일인지 판단하도록 하는 것입니다.

더 나아가 설교 사역을 교대하는 한 주간 동안에 목사는 다른 모든 책무로부터 자유로워서, 장로들과 함께 심방하는 데 그 주간을 보내는 것 또한 바람직할 것입니다. 목사들은 또한 성경공부반이나 교리문답반이 아직 시작하지 않았을 연중 어느 시기에 가정 방문을 시작하는 것도 고려할 수 있을 것입니다.

목사가 가정심방에 참여함으로 얻는 몇 가지 유익은 다음과 같이 열거할 수 있습니다.

- 가정심방은 목사가 교중을 좀 더 잘 알 수 있는 황금과 같은 기회입니다.
- 가정심방은 목사가 교중의 필요에 따라 대처하려는 반응이라기보다는 오히려 사전 조치라고 할 수 있습니다.
- 목사는 장로들의 시각을 통해서 교중들을 파악할 수 없기 때문입니다.
- 목사는 자기 과업을 수행 중에 있는 장로들을 보게 되고 그래서 또한 장로들로부터 배웁니다.
- 이 일에 전문적으로 훈련받지 않은 장로들을 크게 도울 수 있습니다.

목사는 가정심방할 때에, 자신의 유익을 위해서나 장로의 유익과 교중의 안녕을 위해서 동료 장로들을 동반합니다. 이것은 자기 과업의 중요한

한 부분입니다. 목사는 납득을 시키고, 꾸짖고, 권면하고, 또 인내와 교훈으로 끊임없이 해야 합니다. 목사가 교회를 인도하고 다스리는데 장로들을 도와야 합니다. 사도 바울의 모범에 따라 목사는 공적으로나 가가호호 방문하여 이 직무를 수행해야 할 것입니다(참고. 말씀 사역자 임직 예식서).

8. 가정심방을 위한 준비

　가정심방은 영적 생활의 성장에 있어서 중요한 국면이므로, 이를 위한 준비에 시간을 할애하는 것은 마땅합니다. 당회가 가정심방 시기를 시작하기에 앞서 심방 비망록의 세부사항을 만드는 것은 권장할 만한 것입니다. 심방의 주제를 개발하고 모든 방문 일정을 미리 작성한다면 가정심방 사역은 대단히 고양될 수 있습니다.

　필자의 경험상으로는 교회의 회원들이 심방 기간 전에 심방 주제와 방문 계획이 공고될 때 이를 성실하게 주시합니다. 모든 회원들은 심방이 언제 있으며 무엇이 논의될지를 정확히 알고 있는 것입니다. 그 결과 심방이 취소되는 경우는 거의 없었습니다.

　직분자로서 여러분은 매우 철저히 준비해야 합니다. 여러분의 태도가 심방의 성격에 많은 영향을 줄 것입니다. 심방자들은 심방 전에 주의 도우심과 인도하심을 위한 기도를 반드시 잊지 말아야 합니다. 또한 직분자들은 그들을 부르신 하나님께서 자신의 뜻을 수행하기에 필요한 모든 것을 갖추어주실 것이라는 사실을 반드시 신뢰해야 합니다.

　여러분이 특정한 가정을 방문하기 전에 자녀들의 이름과 아버지의 직업, 그리고 자녀들이 어느 학교에 다니는지를, 또한 그들이 교리공부반에 들어갈 연령인지 아니면 청소년 성경공부 클럽에 참석할 연령인지를 반드시 잘 파악하고 있어야 합니다. 자기 구역 안에서 성실히 수행하는 장로들은 부모들과 자녀들 모두와 개인적인 혹은 비공식적인 접촉을 통해서 이러한 정보를 얻을 수 있을 것입니다.

한 장로가 심방을 주도할 준비를 해야 한다면 또 다른 장로는 기도로 심방을 마무리할 것을 준비해야 합니다. 이와 같은 사항들은 둘 다 심방 준비에 만전을 기하기 위해서 사전에 결정되어 있어야 합니다.

새로운 가정심방 시기 처음에는 당회가 교중에게 심방의 주제와 다룰 사안들과 질문들을 대략적으로 제시해야 합니다. 이러한 방식으로 회원들은 심방을 준비하면서 기도하고 공부할 수 있습니다. 또한 교중에게 다시 심방의 성격을 주지시키고, 심방의 방해 요소들인 전화벨이 울리는 것이나 아이들을 챙겨야 하는 일 등을 정리하도록 해야 합니다.

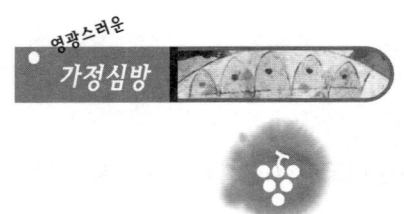

9. 가정 방문

여러분이 공식적인 직무 수행중이라는 사실은 회원 가정의 문 앞에 도착할 때부터의 예절로 분명해야 합니다. 당신의 옷차림이나 당신의 태도가 보통의 일상처럼 처신하는 것은 피해야 합니다. 성도의 교제의 악수로써 형제와 자매들을 문안하십시오(고전 16:20). 안으로 맞아들여서 자리가 마련될 될 때까지 기다리십시오. 건방지고 무례하고 거만하다는 인상을 주어서는 안 됩니다.

심방이 시작될 때, 가장 어려울 뿐만 아니라 동시에 가장 아름답기도 한 장로의 과업이 개시되는 것입니다. 심방은 짧은 기도와 상의할 심방 주제와 관련된 성경 본문을 읽음으로 시작됩니다.

여러분의 질문할 사항을 명백하게 그리고 유효적절하게 공식화하는 것이 중요합니다. 질문이 직접 당사자에게 해당되는 것인지 아닌지를 상의하는 것에 모든 사람이 참여할 수 있도록 하면서 여러분의 사역을 해야 합니다. 대체로 "예" 혹은 "아니요"와 같은 단순한 대답을 할 수 있는 질문들을 피하도록 하십시오.

예를 들면 "당회나 말씀 사역에 대해 불만을 가지고 있습니까?" 혹은 "목사님에 대해 어떻게 생각하십니까?"와 같은 질문은 적합하지 않습니다.

이러한 질문들은 부정적인 결과를 초래할 수 있습니다.

  만일 비판적인 소리가 들린다면, 그러한 말이 더 이상 퍼지지 않도록 해야 합니다. 비판의 소리를 내는 사람들에게 구체적인 실례들을 제시하도록 하십시오. 그리고 또한 그 상황을 더욱 개선될 수 있는 방안으로써 긍정적인 대안들을 제시하도록 하십시오. 심방은 회원들의 불평을 토로하는 시간이 아닙니다. 다른 한편으로, 장로들이 합당한 관심사조차도 듣지 않으려 한다는 인상을 주어서도 안 됩니다.

  심방자들은 심방의 초점이 흐려지지 않도록 하며, 특별한 문제에 대해 논쟁이 비화되도록 내버려두어서는 안 됩니다. 투쟁적이어서 논쟁거리를 찾고자 하는 사람들은 종종 자기 자신의 영적인 생활에 관한 논제에서 비껴가고자 애쓰기도 합니다.

  심방이 곧바로 순조롭게 시작하지 못할 때도 있습니다. 해당 가정이 심방받을 준비가 되지 않은 경우입니다. 그들은 성경을 준비하지 않기 마련인데 그 경우는 질문에 답할 준비를 하지 못했을 때가 태반입니다. 그럴 때 직분자로서 우리들은 끝까지 평정을 유지해야 합니다.

  만약 그들이 대답하기를 주저한다면 여러분은 그들을 괴롭히고 있는 것이 무엇인지 친절하게 다시 물어야 합니다. 만일 비난이 있다면, 거기에 동조할 것이 아니라 해결점을 찾아야 합니다. 그들의 마음을 끌어내도록 노력해야 합니다. 그후에, 방문단으로서 여러분은 비난과 관련된 사항들을 해결해야 합니다.

  심방이 진행되고 있는 동안에 시간을 낭비하지 말아야 합니다. 그 가정을 방문한 이유를 명심하고 있어야 합니다. 불필요한 질문은 피하십시오.

여러분이 방문하는 형제자매들로 하여금 대화를 하도록 하십시오.

모든 가정심방을 위한 공통적인 주제 사용이 매우 가치 있을지라도, 여러분은 그것에 맹종적으로 집착하지 말고 자발적으로 참여할 여지를 주도록 신중해야 합니다. 게다가, 여러분이 주제에 삽입시켜야 할 신앙생활의 확실한 면모들이 있습니다. 예를 들면 다음과 같습니다.

- 가정과 개인의 경건생활을 위한 시간 할애하기; 성경읽기와 기도를 위한 규칙적인 시간을 가지는지의 여부
- 아버지와 어머니 양측에 의한 자녀들의 기독교 교육 여부
- 설교에 대해서 부부가 서로 또한 자녀들과 대화하는지의 여부
- 현재 읽고 있는 책과 대중 매체의 사용
- 가정에서 그리고 가정 밖에서 다른 사람들과의 조화와 화목 여부
- 신앙의 확신 안에서의 생활 여부
- 교회의 살아있는 지체로서 생활하는 데 관련된 모든 사항

심방을 마무리할 무렵에는 회원들에게 당회의 주의를 환기시킬 만한 모든 문제나 관심사 그리고 질문들을 할 기회를 주어야 합니다. 여기에서도 역시 장로들은 심방이 제 궤도에서 벗어나지 않도록 주의해야 합니다. 게다가 가정심방의 특성을 견지함에 있어서, 심방을 받는 교중이 어떠한 문제에 대해서라도 당회의 도움이나 조언이 필요한지 여부를 질문하는 것이 더 적절합니다.

때때로 심방 중 논의된 내용을 요약하는 짧은 성경 본문을 가지고 심방을 마무리하는 것이 좋습니다. 또 다른 제안은 찬양의 책의 시편 혹은 찬송을 부르는 것으로 심방을 마무리하는 것입니다(엡 5:19,20).

마지막 기도에서는 심방 동안 논의했던 내용을 **빠뜨리지 않아야** 합니다. 여러분은 그리스도의 대사로서 양 무리의 걱정거리와 관심사에 귀를 기울인다는 것을 보여주십시오.

듣는 기술

그리스도 직분자들의 공적인 심방은 주의 말씀을 가지고 가정에 들어가야 합니다. 여러분은 심리학자로서 보냄을 받은 것이 아니며, 자신의 인생 경험이나 자신의 지혜를 나눠주라고 방문하는 것이 아닙니다. 자기 직분을 수행하는 유일한 힘은 주의 말씀뿐입니다.

직분자는 교중들로 하여금 성경의 위로와 권고에 향하도록 해야 하며, 자기가 그 언행심사를 주관해서는 안 됩니다. 직분자들은 가정의 관심사를 그냥 싹쓸이하여 처박아 놓는 것이 아니라 그것들을 경청하는 것을 배워야 합니다. 그들이 말하고 있는 것에 귀를 기울여야 할 뿐 아니라 그 말 배후에 있는 것들 역시 주지해야 합니다.

여러분은 대화중에 있거나 여러분에게 자기 자신을 설명하고 있는 개개인의 말을 중간에 가로채지 않도록 삼가하십시오. "사연을 먼저 말하기 전에 대답하는 것은 미련한 것이요 부끄러움을 당할 것이다"(잠 18:13).

말하고 있는 내용에 관하여 너무 성급하게 여러분의 의견이나 결론을 내리려고 서두르면 안 됩니다. 특히 어떤 회원이 자신의 고충에 대해 말하고 있다면, 일련의 여러분 자신의 문제와 해결책으로 오래 끌지 않도록 조심하십시오.

여러분은 자신이 '해결사'로 가는 것이 아니라 살아있는 주의 말씀의 도구로서 방문하는 것입니다.

자녀들도 포함

교중의 자녀들은 어떻습니까? 그들은 그리스도의 교회에 속한 자들입니다. 교중의 자녀들은 그리스도의 양 무리의 어린양들이므로 그리스도의 양 무리의 감독자들에 의해서 보살펴져야 합니다.

바울은 에베소 교회의 장로들에게 다음과 같이 말씀하고 있습니다. "너희는 자기를 위하여 또는 온 양떼를 위하여 삼가라 성신이 저들 가운데 너희로 감독자를 삼고 하나님이 자기 피로 사신 교회를 치게 하셨느니라"(행 20:28).

장로들이 자녀들에게 언약에서 받은 약속과 의무에 대해 이야기하는 것은 중요한 일입니다. 장로들은 자녀들에게 "여러분이 다니는 학교는 좋습니까?" 혹은 "교리교육은 어떻습니까?"와 같은 질문 그 이상으로 나아가야 합니다.

장로라면 지금의 십대들의 관심사와 필요에 대해 잘 숙지하고 있어야 합니다. 그는 자기 가족을 잘 알 때만 비로소 좋은 목자와 목회자가 될 수 있습니다. 마치 그리스도가 그의 이름으로 부르신 그의 모든 양무리를 알고 계시듯이, 장로들은 자기 구역의 자녀들을 잘 알고 있어야 합니다.

또한 장로는 심방 기간동안 자녀들과 대화를 하고 자녀들의 필요를 도울 수 있기 위해서 자녀들 세대와의 관계를 개선해야 합니다. 장로는 자녀들과의 어떤 대화라도 그 상대자가 되도록 해야 합니다.

자녀들은 심방하는 동안 내내 참여할 필요는 없습니다. 부모들은 장로들과 상의해야 할 비밀스러운 문제들을 가지고 있을 수 있으며 장로들 또한 마찬가지일 수 있습니다. 자녀들의 참석 여부는 부모들과 그 방문자들의 상황판단에 맡겨두어야 합니다.

다른 한편으로 가정생활은 부모들의 생활 속에서 주님을 향한 그들의 사랑과 주의 은혜에 대한 확신을 공개적으로 자녀들에게 이야기할 수 있는 부모들에 의해 향상됩니다.

10. 청년과 독신 회원들

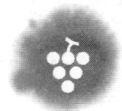

청년

자신의 신앙을 공적으로 고백했지만 여전히 부모와 함께 생활하고 있는 청년들은 별도의 심방 계획을 짜야 합니다. 이는 장로들에게 그들의 부모나 형제자매 앞에서는 편안하게 이야기하지 못하는 다양한 문제들에 대해 그들과 대화할 수 있는 기회를 제공해 줄 수 있기 때문입니다.

이러한 특별한 심방은 나머지 그의 가족들이 심방을 받는 동일한 날 저녁에 시행할 수 있을 것입니다. 이를 위해 약 30분 정도 별도의 시간을 할애할 수 있어야 합니다.

독신자들의 심방

독신자들은 교회의 온전한 한 분자로 간주되어야 합니다. 특성상 개혁교회는 영적인 삶이 공동체적인 교제임을 항상 고수하고 있습니다. 신자는 다른 회원들과 고립되어 살아가서는 안 되며 살아갈 수도 없습니다.

흔히 과부와 독신들은 교회란 가정들과 짝이 있는 사람들을 지향해서 나아가고 있다고 과도하게 느낄 수 있습니다. 그들에게는 그리스도의 교회의 복리와 유익들을 위해서 자신의 은사를 사용할 수 있도록 장려해야 합니다. 특히 그들만의 특별한 필요들과 처한 상황에 민감하십시오. 필시 그들은 장로와 집사 그리고 목사들을 여러 가지 면에서 도울 수도 있을 것입니다.

우리 구주의 필요들에 줄곧 봉사했으며 사도 바울을 도왔던 많은 형제와 자매들을 생각해 보십시오. 각각의 회원 모두가 전체 교회의 복지의 필수 분자들입니다. 독신 회원 역시 전체의 교회 공동체의 유익을 위해서 자신의 은사와 선물들을 사용해야 하는 의무에 매여 있습니다.

그들은 어린 자녀를 가진 가정이 너무 바빠서 이루지 못하는 일들을 할 수 있는 시간을 가지고 있습니다. 그들 역시 교회에서 다른 회원들을 훌륭히 돕고 지지할 수 있습니다.

11. 심방 보고

당회에 무엇을 보고해야 하는가?

가정심방 동안에 제기된 모든 질문들과 걱정거리나 논점 모두를 당회에 보고할 필요는 없습니다. 심방 보고서는 간단해야 하지만 회원들 마음의 중심에 무엇이 있는지와 그리스도와 그의 교회를 위한 사랑이 그 가정 안에 있는지를 파악할 만큼은 상세해야 합니다.

심방 보고에서 여러분은 개개인의 평판을 세우기 위해서 또 그의 신뢰를 얻기 위하여 모든 일을 해야 한다는 점을 명심하십시오. 심방 보고는 잡담 험담거리로 전락해서는 안 됩니다. 게다가, 심방을 한 가정에서 비밀리에 여러분에게 한 말들은 여러분이 유지하고 있는 비밀이 명확히 해소된 경우가 아니면 다른 직분자들에게 전달해서는 안 됩니다.

반드시 재심방할 필요가 있는 어려움이나 걱정거리가 있는 경우가 아니라면 보고된 사항은 굳이 심방록에 기록할 필요가 없습니다. 세부사항은 단지 심방한 사실을 명기할 경우만 필요합니다. 세부사항을 심방록에 기록 유지하는 경우는 엄격하게 장로들이 그들의 직무를 완수했다는 증거를 남기고자 할 경우로 한정됩니다.

심방록의 작성과 후속 조치

심방자들은 가정심방의 주요 사항을 남겨서 기억해 둠으로써 해를 거듭할수록 그 연속성이 있도록 해야 합니다. 여러분이 방문한 날짜와 심방에 참석한 자들과 그 심방의 현저한 특징을 기록한 수첩을 소지하십시오.

대부분의 심방은 그 이상의 조치가 필요하지 않을 것입니다. 그러나 어떤 사람들은 그 이후에 후속조치를 위한 방문을 요청할 수도 있습니다. 직분자들이 그 이상의 조치를 취하거나 더 유효한 도움을 주는 일을 하지 않음으로써 이들의 필요를 무시해서는 안 됩니다.

12. 심방의 마무리

모든 가정심방을 끝마쳤을 때 당회는 반드시 정기 심방을 반성하고 요약하고 그 결론을 맺도록 의제로 정해 두어야 합니다.

- 당회의 관심을 불러일으킨 모든 걱정거리들과 질문들에 대해 적절한 대답이 주어졌는가?
- 설교나 여타의 방법으로 더 거론될 필요가 있는 어떤 풍조나 공동의 문제들이 남아있는가?

우리 모두는 우리의 경험으로부터 배웁니다. 가정심방이 여전히 우리의 머리 속에 생생하게 남아있는 동안에, 우리는 돌이켜 생각해 보아야 합니다.

- 우리는 직분자로서 우리가 원한 모든 것을 이루었는가?
- 무엇이 효과적이었으며, 우리의 실수들로부터 우리가 배운 것은 무엇인가?

결론

가정심방은 결코 쉬운 일이 아닙니다. 그러나 주의 말씀에 순종함으로 심방이 이루어졌을 때, 그것은 가장 아름다운 과업 중의 하나입니다. 우리의 대 목자장이신 주 예수 그리스도께서 장로들을 통해서 자신의 피로 사신 양 무리를 먹이시고 돌보시기를 기뻐하십니다. 신자들 각자는 환경이 다르고 그들의 필요와 영적인 성숙 또한 다릅니다. 직분자들은 마땅히 이런 점에 아주 민감해짐으로써, 한 회원으로 하여금 다른 회원들의 복사품이 될 것을 요구하지 않도록 해야 합니다.

가정심방을 위해 많은 저녁 시간들을 사용하는 장로들을, 세상은 어리석은 자로 조롱할지도 모릅니다. 그러나 클라스 스킬더 박사는 그의 책, '그리스도와 문화'에서 다음과 같은 말로 결론을 맺고 있습니다.

"복 되도다! 합당한 방식으로 구역 심방을 하는 나의 지혜로운 장로여. 그가 이 사실을 의식하지 못한다 할지라도, 그는 문화의 핵심 세력이다. 그들로 하여금 그를 비웃게 내버려두어라. 그들은 자기들이 무엇을 하고 있는지 알지 못한다. 그들은 저 세상에 속한 문화의 불한당일 뿐이다."

가정심방 사역은 참으로 영광스러운 사역입니다! 여러분은 그리스도를 대신하여 그의 교회의 회원들의 가정에 방문하도록 허용된 자들입니다. 이러한 직분의 위엄은 우리로 하여금 두려워 떨게 하기도 합니다. 그러나 사도 바울은 빌립보서 4장 13절에서 "내게 능력 주시는 자 안에서 모든 것을 할 수 있느니라"고 선언합니다.

교회의 모든 회원들로 하여금 이 사역을 위한 여러분의 열심과 사랑을 보도록 합시다. 그래서 주님께서 당신의 성신을 통해서 여러분에게 내리시는 복을 받도록 합시다.

영광스러운
가/정/심/방

The Glorious Work of Home Visits

부록_1

A _ 심방 주제 범례
B _ 자녀를 위한 질문들
C _ 집사 심방

부록
A

심방 주제 범례

해마다 당회는 정기 가정 방문을 위한 주제를 결정합니다. 다음은 범례로 제시된 일군의 주제들입니다. 첫 번째 주어진 것은 실제 가정심방을 위한 지침서로서 개요 양식입니다. 그 나머지 다른 주제들은 교회가 자기들의 개인이나 가족의 준비용으로 회보에 게재할 수 있는 실례들입니다.

각각의 주제는 해를 달리하면 할수록 얼마나 많은 다양성과 유연성을 가지고 방법론을 모색할 수 있는지를 보여줍니다. 다음의 주제들은 여러분의 직분 수행에 도움이 되기를 의도한 제안에 불과하다는 것을 명심하십시오.

어느 장로라도 주제 하나의 자구 그대로를 철저하게 따라야 하는 것으로 감지해서는 안 됩니다. 모든 자가 다 자기 나름대로의 방법론이 있는 것입니다. 매해 다른 주제를 설정하는 것은 여러분으로 하여금 여타의 질문들에 관심을 집중할 수 있도록 합니다.

주제 A형 _ 성경 교리에 준한 생활

가정심방은 디도서 2장을 읽고 그리고 주님께 이 방문을 축복해주시기를 구하는 기도를 드리면서 시작합니다. 방문을 주도하는 장로는 성경 본문을 선택하여 짧게 훈화를 하고 다음과 같은 지침으로 이를 수행합니다.

성경의 교리에 의한 생활이란 디도서 2장에서 아주 분명하게 드러나 있는 주제입니다. 바울은 교회들이 건전한 교리의 전형에 따라야 함을 간절히 원하였습니다. 교회들은 거짓 교리를 피하고(딛 1장) 그리고 건전한 교리로 살아야 합니다(딛 2장). 이 사실은 난해한 주제인 것처럼 보이지만, 그것은 매일 생활의 기초입니다.

1. 장년을 위한 질문

- 여러분이 공적으로 신앙을 고백했을 때에, 여러분은 다음과 같은 첫 번째 질문에 대답했습니다. "그대는 하나님의 말씀의 교리가 이 신앙고백서들 안에 요약되어 있으며 또 이 교회에 의해서 가르쳐지고 있음을 진심으로 믿습니까? 그대가 하나님의 은혜로 하나님의 말씀과 상충하는 이단들과 오류들을 거절하고 살아서나 죽어서나 이 교리 안에서 일관되게 살아갈 것을 약속하십니까?"

- 우리가 읽은 말씀에 비추어서 여러분은 어떻게 (성경의 가르침이 살아있

는) 이 교리로 계속 일관합니까?

- 이 말씀이 여러분이 과거에 서약했을 때처럼 오늘도 여러분에게 의미가 있습니까? 어떤 방식으로 의미가 있습니까?

- 여러분은 성경이 가르치고 있는 바가 여러분에게도 여전히 참되다는 사실을 어떻게 확신합니까?

- 여러분은 오늘날 교회를 위협할 수 있는 일종의 가르침에 정통해 있습니까? 여러분이 얼마나 많은 책을 읽으며 또 어떤 종류의 책을 읽습니까?

- 여러분이 믿고 있는 바에 대해서 다른 사람에게 말할 수 있기 위해서 어떻게 스스로 준비하십니까?

- 여러분은 성경의 교리들로 위로를 얻습니까? 궁극적으로 무엇이 여러분에게 이 위로를 줍니까?

- 여러분이 세 가지 일치 신조, 특히 벨직 신앙고백서와 돌트 신경을 최근에 언제 읽고 공부했습니까? 여러분은 성경의 교리들에 정통하기 위해 어떤 방법을 강구하고 있습니까?
  (이점에 대해서, 장로들은 벨직 신앙고백서와 돌트 신경을 가족 끼리든 아니면 혼자든 시간을 드려 각 항목별로 통독할 것을 회원들에게 조언해야 할 것입니다. 이 문서들이 위로와 처방으로 채워져 있음을 회원들에게 상기시키십시오.)

- 바울은 우리가 주님을 기쁘시게 하는 생활을 함으로써 '우리의 구주 이신 하나님의 교리를 찬미하도록 할 것'을 분명하게 하고 있습니다. 찬미하도록 한다는 것은 '아름답게 만들다'는 뜻입니다. 우리가 어떻게 해서 우리가 믿는 바를 반영하는 생활을 할 수 있습니까?(예: 하나님의 섭리라는 맥락에서 날씨에 대해 말하는 것, 또는 우리가 하나님의 은혜로 살아감으로써 그로 인한 다른 사람을 대하는 겸손한 태도).

- 디도서 2장 2-10절의 문맥 안에서 여러분이 어떻게 주님의 자녀로서, 연장자로서든지 혹은 연하자로서든지, 여러분의 과업에서 교리를 찬미하도록 할 수 있습니까? 여러분은 교회에서든 세상에서든 여러분이 처해 있는 위치에서 볼 수 있는 것이 무엇입니까?

- 성경은 우리가 교회 안에서 다른 사람을 도와야 할 과업이 있다는 것을 분명하게 말씀하고 있습니다. 여러분이 이 점에서 자신의 역할을 다하기 위해서 어떻게 하고 있습니까?(성경적인 대화를 해야 하는데, 예를 들어, 다른 사람들을 격려하고 말과 행위로써 처방을 제시해야 합니다.)

- 여러분은 일상생활에서 성경의 교리가 여러분에게 의미하는 바가 무엇인지를 어떻게 보여주고 있습니까?(그리스도의 사랑이 여러분을 어떻게 통제하고 있는지를 보여주십시오.)

- 성경의 교훈들은 우리에게 살아계신 하나님을 알도록 인도합니다. 사도 바울은 디도서 2장에서도 마찬가지로 그렇게 하고 있습니다. 11-14절에서 사도는 우리가 건전한 교리에 반드시 견고하게 서야 할 이유를 제시합니다. 우리는 예수 그리스도와 그분의 구속 사역의 능

력을 반드시 알아야만 합니다.

- 바울은 "우리의 복스러운 소망, 곧 우리의 크신 하나님 구주 예수 그리스도의 영광이 나타나심을 기다리라"고 말합니다. 예수 그리스도께서 여러분의 구세주시요 또 주님이시라는 사실이 여러분에게 어떤 의미가 있습니까? 여러분은 그리스도의 재림을 학수고대하고 있습니까? 바로 그 사실이 여러분의 매일의 과업을 이루어가는 방식을 어떻게 결정합니까?

- 그리스도께서는 친히 모든 불의에서 우리를 구속하기 위해 자신을 내어주셨습니다. 여러분은 그리스도 안에서 여러분의 모든 죄를 사해 주시기를 구하고 그리고 그의 십자가의 보혈 안에서 여러분의 생명을 찾습니까? 여러분은 다른 사람을 기꺼이 용서해 줌으로써 그리스도와 같은 태도를 보이고 있습니까? 그리스도께서 '모든 죄로부터 우리를 구속하신다'는 사실을 아는 것이 여러분에게 어떻게 위로를 줍니까?

- 14절 역시 "모든 불법에서 우리를 구속하시고 우리를 깨끗하게 하사 선한 일에 열심히 하는 친 백성이 되게 하려 하심이라"고 예수님께서 죽으신 이유를 언급하고 있습니다. 주 예수 그리스도께서 우리가 새로운 순종으로 살아갈 수 있도록 하기 위해서 생명을 구속하시고 회복하십니다. "선한 일에 열심히 하는 것"이 여러분에게 무엇을 의미합니까? 다른 사람들이 여러분의 매일의 행실에서 여러분이 믿는 바 성신님께서 여러분을 변화시키심을 볼 수 있습니까? 그들은 여러분에게서 감사의 열매를 봅니까?

- 성신님은 우리 믿음의 근원이십니다. 성신께서는 설교를 사용하셔서 우리로 하여금 하나님의 은혜를 받아들이도록 하심을 이해하고 있습니까? 여러분의 매일 생활에서 하나님 말씀의 설교가 어떻게 효과를 발휘합니까? 여러분은 주님께서 항상 말씀하시며 그 말씀하신 바에 의해서 여러분의 생활이 형성되도록 하심을 명심하고 있습니까? 만일 설교가 여러분을 정죄한다면 여러분은 어떻게 반응하십니까?

- 우리는 회심의 과정을 통해서 정화되었습니다. 여러분은 진실로 죄를 미워하고 혐오하며, 하나님 앞에서 자신을 겸비하게 합니까? 여러분은 어떻게 죄로부터 피합니까? 여러분은 하나님의 율법을 즐거워합니까?

- 성신님은 성례들로 말미암아 믿음을 강건하게 하십니다. 여러분은 주의 만찬을 기념하기 위한 준비로서 스스로 무엇을 합니까? 성찬 예식서에 있는 "자기 점검"이 여러분에게 무엇을 의미합니까? 주님의 만찬이 참으로 여러분에게 유익합니까? 어떤 방식으로 유익합니까?

2. 부모를 위한 추가 질문

- 여러분은 세례시에 "그대들은 부모로서 이 아이가 성장함에 따라 그대들의 힘을 다하여 이 자녀를 이러한 교훈으로 교육하고 교육을 받게 하며, 또한 친히 사람의 본분을 이 아이에게 보이기를 힘쓰며 이 아이를 위해 기도하고 함께 기도하기로" 약속하였습니다. 여러분은 서약하신 것을 어떻게 감당하고 있습니까? 여러분은 자녀들에게 자

신들의 언약의 하나님으로 주님을 알도록 어떻게 가르칩니까? 여러분은 언약의 자녀들이라는 사실이 무엇을 의미하며 그리고 이 언약을 파기하는 심각성에 대해서 말합니까?

- 여러분은 아버지와 어머니로서 여러분의 자녀들이 학교에서 읽고 보고 배우는 것이 무엇인지를 아십니까?

- 여러분은 여러분의 자녀들로 하여금 참과 거짓을 어떻게 분별하도록 가르칩니까? 여러분은 자녀들에게 세례의 중요성에 대해서 말합니까? 여러분은 자녀들이 교리문답반에서 배우고 있는 것을 알고 있습니까? 여러분은 자녀들과 더불어 교리문답반에 반드시 참석해야 하는 이유에 대해서 대화합니까?

3. 자녀를 위한 질문

- 여러분이 여러분의 교리를 숙지하는 것이 왜 그토록 중요합니까? 여러분은 교리문답반에 반드시 참석해서, 배운 바를 활용할 수 있도록 해야 할 이유를 알고 있습니까?

- 만일 여러분이 믿는 바에 대해서 누군가가 더 잘 알고자 한다면, 그에게 어떻게 말합니까?

- 여러분이 받은 세례가 여러분에게 어떤 의미가 있습니까? 여러분이 세례의 교리대로 사는 것을 어떻게 보여줍니까?

- 자녀들에게도 역시, 단순화된 형태로, 여러분이 그들의 부모들에게 제시한 질문을 할 수도 있습니다.

4. 동료 직분자를 위한 질문

- 디도서 1장 9절 "미쁜 말씀의 가르침을 그대로 지켜야 하리니 이는 능히 바른 교훈으로 권면하고 거스려 말하는 자들을 책망하게 하려 함이라." 여러분은 주님께서 자신들에게 주신 이 과업을 어떻게 감당합니까?

- 디도서 2장 1절 "오직 너는 바른 교훈에 합당한 것을 말하라." 여러분은 성신을 받은 자들로서 주님께서 여러분에게 주신 것을 전달하는 것이 얼마나 중요한지를 알고 있습니까?

5. 마침

- 가정심방은 그 가정이나 개인이 더 논의할 필요가 있는 질문이나 사안을 위한 기회를 주고, 시편 119편 41절이나 시편 25편 2절이나 아니면, 기도로 주님의 이름을 부름으로써 끝맺습니다.

주제 B형 _ 서로를 위한 생활

　이 주제 안에서 교중에게 본문의 개요들이 제시됩니다. 이 본문들은 그 자체로도 사고를 위한 엄청난 자양분을 제공합니다. 골로새서 3장과 같은 본문은 "서로"라는 구절을 사용하고 있기 때문에 읽기에 적합합니다. 또한 그 본문은 "서로를 위한 생활"의 근거로서 회중에게 제시된 것입니다.

　바울은 골로새서 3장 3절에서 "이는 너희가 죽었고 너희 생명이 그리스도와 함께 하나님 안에서 감취어졌다"고 말합니다. 심방은 그리스도와 함께 하나님 안에 감취어진 생명의 의미에 관하여 그리고 이 구절에서 사용된 "서로"라는 실례를 들어 회중을 인도하는 모두적인 질문을 함으로써 시작할 수 있습니다.

　서로를 위한 생활이란 죄된 마음을 가진 사람들에게는 생소한 것입니다. 본성상 모든 사람은 '무언가 나를 위한 것이 있는가'라는 슬로건에 의해서 자기 자신의 관심사와 생활 이모저모를 돌아봅니다. 그리스도의 교회는 꾸준히 '우리가 주일 예배 외에는 피차 아무런 관계가 없다'고 하는 개인주의 사상을 방어해 왔습니다. 자녀들이 배울 수 있는 충분한 나이가 되는 순간부터 그들은 성도의 교통 안에 있는 자신의 과업에 대해 반드시 생각하도록 배워야만 합니다.

이것은 끊임없는 투쟁이기 때문에, 주님은 우리가 회원으로 가입해 있는 신자들의 공동체인 교회 안에서 우리의 상호과업을 계속 상기하도록 하십니다. 하이델베르크 교리문답은 제21주일에서 이렇게 요약하고 있습니다. "… 모든 신자들은 다른 지체들의 유익과 구원을 위하여 자기가 받은 은사들을 자원하는 마음으로 그리고 기쁘게 사용해야 할 의무가 있습니다."

바로 이런 관점에서 도움이 되는 많은 다양한 본문들이 있습니다. 이 본문들을 생각하면서 주님께서 여러분에게 요구하시는 것을 어떻게 감당할 수 있을지에 대해서 심사숙고합시다.

⟨성경 본문들⟩

- 로마서 12장 10, 16절 / "형제를 사랑하여 서로 우애하고 존경하기를 서로 먼저 하라.… 서로 마음을 같이하여 높은 데 마음을 두지 말고 도리어 낮은 데 처하며 스스로 지혜 있는 체 말라."

- 로마서 14장 13절 / "그런즉 우리가 다시는 서로 판단하지 말고 도리어 부딪힐 것이나 거칠 것으로 형제 앞에 두지 아니할 것을 주의하라."

- 로마서 15장 5, 7절 / "이제 인내와 안위의 하나님이 너희로 그리스도 예수를 본받아 서로 뜻이 같게 하여 주사 … 이러므로 그리스도께서 우리를 받아 하나님께 영광을 돌리심과 같이 너희도 서로 받으라."

- 로마서 15장 14절 / "내 형제들아 너희가 스스로 선함이 가득하고 모든 지식이 차서 능히 서로 권하는 자임을 나도 확신하노라."

- 고린도전서 12장 25절 / "몸 가운데서 분쟁이 없고 오직 여러 지체가 서로 같이 하여 돌아보게 하셨으니."

- 갈라디아 5장 13절 / "형제들아 너희가 자유를 위하여 부르심을 입었으나 그러나 그 자유로 육체의 기회를 삼지 말고 오직 사랑으로 서로 종노릇 하라."

- 갈라디아 6장 2절 / "너희가 짐을 서로 지라. 그리하여 그리스도의 법을 성취하라."

- 에베소서 4장 2절 / "모든 겸손과 온유로 하고 오래 참음으로 사랑 가운데서 서로 용납하라."

- 에베소서 5장 19절 / "시와 찬미와 신령한 노래들로 서로 화답하여 너희의 마음으로 주께 노래하며 찬송하며."

- 에베소서 5장 21절 / "그리스도를 경외함으로 피차 복종하라."

- 골로새서 3장 9절 / "너희가 서로 거짓말을 말라. 옛 사람과 그 행위를 벗어버리라."

- 골로새서 3장 13, 16절 / "또 너희의 범죄와 육체의 무할례로 죽었던 너희를 하나님이 그와 함께 살리시고 제하여 버리사 십자가에 못 박으시고.… 그리스도의 말씀이 너희 속에 풍성히 거하여 모든 지혜로 피차 가르치며 권면하고 시와 찬미와 신령한 노래를 부르며 마음에 감사함으로 하나님을 찬양하라."

- 데살로니가 전서 4장 18절 / "그러므로 이 여러 말로 서로 위로하라."

- 데살로니가 전서 5장 11절 / "그러므로 피차 권면하며 피차 덕을 세우기를 너희가 하는 것 같이 하라."

- 히브리서 3장 13절 / "오직 오늘이라 일컫는 동안에 매일 피차 권면하여 너희 중에 누구든지 죄의 유혹으로 강퍅하게 됨을 면하라."

- 히브리서 10장 24, 25절 / "서로 돌아보아 사랑과 선행과 격려하며 모이기를 폐하는 어떤 사람의 습관과 같이 하지 말고 오직 권하여 그 날이 가까움을 볼수록 더욱 그리하라."

- 야고보서 5장 16절 / "이러므로 너희 죄를 고하며 병 낫기를 위하여 서로 기도하라. 의인의 간구는 역사하는 힘이 많으니라."

- 베드로 전서 1장 22절 / "너희가 진리를 순종함으로 너희 영혼을 깨끗하게 하여 거짓이 없이 형제를 사랑하기에 이르렀으니 마음으로 뜨겁게 피차 사랑하라."

- 베드로 전서 4장 8,9,10절 / "무엇보다도 열심히 서로 사랑할지니 사랑은 허다한 죄를 덮느니라. 서로 대접하기를 원망 없이 하고 각각 은사를 받은 대로 하나님의 각양 은혜를 받은 선한 청지기와 같이 서로 봉사하라."

- 베드로 전서 5장 5절 / "젊은 자들아 이와 같이 장로들에게 순복하고 다 서로 겸손하여 허리를 동이라. 하나님이 교만한 자를 대적하시되 겸손한 자들에게 은혜를 주시느니라."

- 요한일서 4장 7절 / "사랑하는 자들아 우리가 서로 사랑하자 사랑은 하나님께 속한 것이니 사랑하는 자마다 하나님께로 나서 하나님을 아느니라."

주제 C형 _ 권징

히브리서 12장은 이 주제를 잘 해설하고 있는 성경 본문입니다. 이 본문은 하나님의 백성들로 하여금 믿음의 경주를 열심히 경주하라는 촉구로 시작합니다. 경주한다는 것은 양육과, 자기 권징을 포함하고 있습니다.

'권징' 이라는 단어는 '가르친다' 를 의미하는 동사의 어근에서 유래되었습니다. 디모데전서 4:7에서는 우리에게 권징이 경건의 비밀이라고 말씀합니다.

1. 복음 설교를 통한 권징

- 여러분의 매일 생활의 행보 가운데 설교가 여러분에게 하는 역할은 무엇입니까?

- 여러분은 자신이 배운 것을 어떻게 적용합니까?

- 여러분은 자녀들에게 설교 내용이 무엇인지를 요약 정리해 줌으로써, 설교에 관한 대화를 합니까?

2. 상호권징

- 여러분은 다른 사람들이 주님을 섬기는데 어떠한 도움을 줍니까? 여러분은 그들의 필요나 어려움에 민감하십니까? 여러분은 심지어 그들이 사과를 하고 용서를 빌고 난 뒤에도 징벌할 권리를 가진 것처럼 처신합니까? 만일 여러분이 어떤 개인의 행동이나 생각에 관하여 다소간의 염려스러움이 있다면, 그 문제를 가지고 그와 대화하고자 하였는지 아니면 단지 그 사람에게 냉담한 표정을 지음으로써 여러분의 불쾌함을 그가 느끼도록 합니까?

- 여러분은 죄인을 교정하는 성경적인 지침을 숙지합니까? 여러분이 형제나 자매의 행동에 대해 이의를 제기할 때, 여러분은 마태복음 18장의 도리를 따랐습니까? 여러분은 주님 안에서 형제나 자매의 교정을 용납하고자 합니까?

3. 자가 권징(self-discipline)

- 자가 권징은 우리들 각자에게 주어진 십자가를 지고 주님을 따라가는 것을 의미합니다. 여러분은 그리스도를 위해서 여러분의 개인적인 쾌락을 포함하여, 모든 것을 기꺼이 포기하고자 합니까?

- 자가 권징이란 계시된 하나님의 말씀에 복종하면서 또 스스로 경건의 연습을 지속적으로 실천하는 것입니다. 돌트 신경 제5항 제2조에서 "거룩한 경건의 연습"에 대해서 말하고 있습니다.

4. 권징과 자신의 공적 신앙고백

- 여러분은 교회의 권징에 복종할 것을 서약했습니다. 이 서약이 여러분에게 무엇을 의미합니까?

5. 교회의 권징

- 여러분은 주님께서 여러분 위에 세우신 자들의 권위에 자신 스스로를 복종시킵니까? 여러분은 교회의 봉사에 존경을 표하는 모범으로 처신합니까?

- 여러분은 교회 권징에 복종하는 것이 무엇을 의미하는지 이해합니까?

6. 권징과 가정

- 여러분이 가정 안에서 평화와 화목을 유지하기 위해 어떤 일을 합니까? 여러분은 부모 혹은 자녀로서 이것을 위해서 어떻게 애쓰고 있습니까?

- 여러분은 주님께서 요구하신 바를 자녀들에게 어떻게 가르칩니까?(신 6:1-9)

- 자녀들을 훈육하는 여러분의 목표가 무엇입니까?

- 여러분의 징계의 초점을 잘 맞추기 위해서 반드시 해야 할 일들은 무엇 무엇입니까?

- 여러분은 어떻게 아버지로서 에베소서 6:4에 기록된 말씀에 따라 여러분의 과업을 성취해가고 있습니까?

- 여러분은 자녀들을 어떻게 징계합니까? 무엇이 바른 기준인지를 여러분은 어떻게 아십니까?

7. 자녀들을 위한 질문

- 여러분은 여러분의 부모님과 여러분 위에 있는 다른 권위자의 권징을 주목합니까? 여러분이 주목해야 할 이유가 무엇입니까?

- 여러분의 부모님은 많은 연약함과 부족들을 가지고 있지요? 만일 부모님들이 공정하지 못하다고 생각되면 여러분은 불순종할 권리를 가지고 있습니까?

- 여러분은 이 문장을 어떻게 채우고자 합니까? "나의 아버지와 어머니가 나에게 가장 원하는 것은 … 이다."

8. 숙고해야 할 본문들

- 마태복음 18장(자가 권징 및 상호 권징, 그리고 교회 권징에 대해서 말하는 본문), 히브리서 12장, 요한계시록 3:19, 잠언서에서는 자녀들이 반드시 따라야 할 길로 우리가 자녀들을 어떻게 권징을 해야할지에 대해서 많은 실례들을 제공합니다.

주제 D형 _ 성도의 교통

본 주제는 고린도전서 12장 25절 "…오직 여러 지체가 서로 같이하여 돌아보게 하셨으니"라는 말씀에 토대를 두고 있습니다. 이 주제는 "서로를 위한 생활"이라는 주제와 연결시켜서 사용하거나 아니면 완전히 분리된 주제로 각각 사용할 수도 있습니다. 여기에서 총망라된 요점들은 "서로를 위한 생활"이라는 주제와 비슷하기 때문에, 이어지는 심방기간에서 이 주제들로 일관해서는 안 됩니다. 또한 집사들의 가정 방문시에 사용될 수 있는 주제(부록 C 참조)이기도 합니다.

1. 성경 본문들

시편 133편; 사도행전 2장 44-47절; 사도행전 4장 32-37절; 로마서 12장 3-13절; 고린도전서 12장; 고린도전서 13장; 빌립보서 2장1-13절.

2. 추가 참고 문헌들

하이델베르크 교리문답 제21주일 제55문답
성찬 예식서

3. 가능한 총망라된 요점들

- 여러분은 성도의 교통 안에서 어떻게 피차를 돌보려고 애를 씁니까? 바로 이것이 여러분 마음의 최고봉을 차지하고 있는 일입니까?

- 주의 만찬 예식서는 "우리의 사랑하는 구주 그리스도께서 먼저 우리를 이처럼 큰 사랑으로 사랑하셨기 때문에 우리도 서로에게 말로만 아니고 행동으로 사랑을 나타내 보여야 합니다"라고 말합니다. 어떻게 여러분은 이렇게 합니까?

- 여러분은 '은사'와 '달란트'라는 말을 무엇이라고 이해하십니까? 하나님께서 교회의 복리를 위해서 여러분에게 주신 것을 사용하고 있습니까?

- 직분자들이 행하는 이 사역은 종종 매우 벅차고 어렵습니다. 여러분은 집사들, 장로들과 목사의 신실한 봉사로 말미암은 그 결과로 인해 주님께 감사드리고 직분자들에게도 감사함을 표하십니까? (사도 바울은 복음에 수고하고 다른 이들에 의해 지원을 받았던 사람들을 얼마나 격려하였는지를 생각하십시오.)

- 약정헌금(Voluntary Contributions): 복음 사역이 진행될 수 있도록, 그리고 성도의 교통이 합당하게 작용할 수 있도록 우리가 받은 축복의 분량에 따라 드리는 것.

- 가정 안에서 피차를 돌봄

- 남편과 아내

- 부모와 자녀

- 자녀들끼리

- 과부나 독신자들이 적절한 돌봄을 받고 있습니까? 그들이 자기들의 받은 달란트에 따라 헌상하고 있습니까?

- 친교적인 방문이 그리스도 중심적으로 이루어지고 있습니까?

- 여러분은 함께 있으면서 즐겁게 지낸 저녁 시간 이후에라도 서로를 위하여 기도하는 것을 기억하고 있습니까? 이 일은 또한 그리스도인에 걸맞게 품행이 방정하도록 도와줍니다.

- 빌립보서 2장 2절은 "마음을 같이하여 같은 사랑을 가지고 뜻을 합하여 한 마음을 품으라"고 말씀합니다. 이 말씀이 효과적으로 실행되기 위한 몇 가지 방안들은 무엇 무엇입니까?

주제 E형 _ 예배

제2계명은 하나님께서 당신의 말씀 안에서 명령하셨던 것과 똑같은 방식으로 우리가 주님께 예배하도록 요구합니다. 성경은 모든 생활의 규범입니다. 우리의 하나님께 대한 모든 찬양과 예배는 하나님께서 우리와 세워 놓으신 언약관계에 의해서 결정된 것입니다.

하나님의 백성의 회집으로 나오는 것은 믿음의 행위이며, 그리고 그 주간의 최절정으로서, 찬송하고 즐거워하는 시간으로서, 기도하고 그리고 하나님의 말씀을 듣는 시간으로서 마땅히 염두에 두어야 합니다.

공적인 예배 참여는 우리에게 거룩하신 하나님의 요구를 다 이루도록 하는 방편들을 제공하며, 주님 안에서 성장할 수 있는 영적인 부요함을 부여해 줍니다. 예배를 마치 연회를 베푸는 것과 혼동해서는 안 됩니다.

예배드리기 위해 다 함께 모이는 것은 우리가 주님을 공경하고 그분의 이름에 합당한 찬송을 드리기 위해서입니다. 우리는 하나님의 백성으로서, 우리는 자비와 은혜가 필요한 죄인이라는 사실을 인정하면서, 살아계신 하나님 앞에 경배하는 것입니다.

성경 안에는 예배의 중요성에 대해서 제시하고 있는 많은 본문들이 있습니다. 예를 들면, 시편 29편 2절의 저자는 "여호와의 이름에 합당한 영광을 돌리며 거룩한 옷을 입고 여호와께 경배할지어다"라고 우리를 불렀습니다. 시편 95편 6, 7절 "오라 우리가 굽혀 경배하며 우리를 지으신 여호와

앞에 무릎을 꿇자. 대저 저는 우리 하나님이시요, 우리는 그의 기르는 양이라 저희가 오늘날 그 음성을 듣기를 원하노라"고 말하면서 하나님의 백성들과 함께 예배드리는데 연합하라고 우리를 초대합니다.

지상에서 드리는 예배는 우리로 하여금 하늘과 접촉하도록 하는 것이며, 그리고 하나님 보좌에 둘러 진을 친 구속함을 받은 자들과 천사들과 우리를 함께 결합시킵니다(계 4장과 5장). 참된 예배는 우리를 성신에 의해서, 성자를 통해서, 하늘에 계신 아버지께 가까이 나아가도록 합니다(엡 2:18).

언약적인 예배는 감사 생활의 핵심입니다. 이 역시 우리 예전의 격조이기도 합니다. 게다가 우리는 벨직 신앙고백서 제7항에서 "우리는 성경이 하나님의 뜻을 충분히 담지하고 있으며, 또 사람이 구원을 얻기 위해서 믿어야 할 모든 것을 충분하게 성경 안에서 가르치고 있음을 믿습니다. 하나님께서 우리에게 요구하시는 모든 예배 방법이 충분히 성경 안에 기록되어 있습니다"라고 고백합니다.

1. 공적인 예배

- 매 주의 날 회중은 주 하나님의 거룩하심의 영광(시 96편) 안에서 예배하기 위해 다 함께 모여 주님께 나옵니다. 여러분은 주님과 그의 백성의 만남을 위해서 자신을 어떻게 준비합니까? 여러분은 한 주간 동안 복음 사역을 위해서 기도하십니까?

- 예배드리러 가는 것이 여러분에게 제일 중요한 일입니까? 어떤 방식

에서 제일 중요합니까?

- 왜 성경이 하나님 말씀의 설교에 그렇게 큰 강조점을 둔다고 생각하십니까?

- 여러분은 설교를 가장 유효하게 사용하기 위해서 어떤 노력을 하십니까?(미리 충분하게 잠을 잔다든지, 요점을 적어둔다든지, 설교를 녹음했다가 다시 듣는다든지, 예배를 마치고 난 뒤에 설교를 토의하는 등의 일을 하고 있습니까?)

- 여러분은 하나님의 말씀에 따라 주님을 섬기고 있다는 사실을 어떻게 인식합니까?

- 거룩한 세례와 주의 만찬의 집례로부터 여러분은 어떤 힘을 얻습니까? 여러분은 공 예배의 각 요소들의 의미를 잘 알고 있습니까? 여러분은 무엇보다도 먼저, 교중의 유익을 위해서 주신 표징과 인으로서 성례들을 이해하고 있습니까?

- 제4계명은 우리에게 "안식일을 거룩하게 지킬 것"을 요구합니다. 여러분이 교회 안에 있지 않을 때 여러분과 여러분의 자녀들에게 허용된 행동 여부를 결정하기 위해서 여러분은 어떤 종류의 기준을 사용합니까? 여러분은 이 점에 대해서 이사야 58장 13, 14절을 어떻게 적용하고자 합니까?

- 하이델베르그 신앙고백 주의 날 제38주에서 우리는 복음 사역과 학교를 유지하는 것이 우리가 주님께 드리는 예배의 한 부분이라고 고

백합니다. 여러분은 마땅히 내야 하는 약정헌금(Voluntary Contributions)을 어떻게 결정합니까?

- 디모데전서 2장에서 바울은 공적인 예배시에 남자들이 분노와 다툼이 없이 손을 들어 기도하라고 요구합니다. 여러분은 자신들의 양심상 범죄함이 없이 주님께 예배드릴 수 있다고 확신합니까? 또한 여러분은 교회에 나오기 전에 불화한 일들이 다 해결되었다고 확신합니까?

- 디모데전서 2장에서 우리가 어떻게 주님의 거룩하신 영광 안에서 주님께 예배드리고 있다는 사실을 반영하는 방식으로 옷을 입고 공 예배에 나와야 하는지에 대한 말씀을 듣습니다. 여러분이 예배드리러 가기 전에 적절한 옷을 입는지에 대해서 고려하십니까?

2. 가정 예배

- 여러분은 주님께 가정 예배를 어떻게 드립니까? 여러분은 함께 성경을 읽고 토론하는데 시간을 할애합니까?

- 여러분은 저녁 식탁에서 시편이나 찬송을 노래합니까? (자녀들의 암기 숙제)

- 여러분은 서로 질문하고 또 토론하는 데 시간을 할애합니까?

- 여러분은 가정에서 아버지로서 그리고 어머니로서 여러분의 과업을 어떻게 감당하고 있습니까?

- 영적인 문제들이 가정 안에서 토론되고, 또한 설교들을 주님의 장성한 분량을 염두에 두고 다시 살펴봅니까?

3. 직장 예배

- 고용주와 피고용인 다수가 그리스도인으로 구성된 사업체들이 있습니다. 장로들은 이 사람들로 하여금 함께 성경 본문을 묵상하고 기도할 수 있는 적당한 시간(일 주일에 한 번 정도)을 내도록 장려해야 합니다.

4. 개인 예배

- 여러분은 개인적인 경건(devotions)을 위해서 시간을 내고 있습니까? 여러분은 언제 이렇게 합니까? 여러분은 여러분의 성경 공부를 어떻게 도모하고 있습니까? (여러분은 장로로서 경건으로 하루를 시작하는 것이 큰 유익이 있음을 강조할 수도 있습니다.)

- 여러분은 자녀들에게 경건의 시간을 갖도록 장려합니까?

- 여러분이 가정에서 멀리 떠나, 직장이나 식당이나 학교에 있을 때에는 어떻게 경건 생활을 합니까?

5. 참고 본문

- 출애굽기 31장; 신명기 12-13장; 15장 1절-16장 17절; 시편 92편; 시편 95편; 요한복음 4장 1-42절; 히브리서 4장 1-13절.

주제 F형 _ 언약의 신실함

우리의 서원을 갚는 문제는, 우리의 약속을 신실히 지킨다는 맥락에서 논의될 수 있습니다. 자녀들이 성장함에 따라 이런 차원에서 훈육받아, 더욱 책임감을 지니도록 해야 합니다. 바로 이런 경우야말로 주님께서 항상 자신의 약속을 이루시기에 얼마나 신실하신지를 서로 말할 수 있는 기회입니다. 그러므로 우리는 주님을 의지할 수 있고 주님께서 우리가 도무지 기대할 수조차 없을 때에도 우리를 도우시고 구조하기 위하여 오심을 믿을 수 있습니다.

이와 같은 주제는 우리에게 공적 신앙고백, 세례 문답, 혼인 예식, 직분자 임직시 요구받았던 질문들을 다시 생각나도록 합니다.

1. 공적 신앙고백

- 여러분이 회중 앞에서 공적으로 여러분의 신앙을 고백했을 때 그 고백했던 내용을 주지하고 있습니까? 여러분은 이러한 고백을 실천적인 차원에서 어떻게 수행하고 있습니까?

- 여러분의 전 생애를 주를 섬기는 데 드린다는 것은 무슨 의미입니까? 여러분은 그것을 어떻게 수행할 수 있습니까?

- 그리스도의 교회의 살아있는 지체로 살아간다는 것은 무슨 의미입니까?

- 여러분은 신앙 고백의 특권과 필요성에 대하여 여러분의 자녀들과 대화를 하십니까?

2. 혼인

- 서로가 항상 신뢰하고 사랑한다는 것은 무엇을 의미합니까? 남편으로서 당신은 아내와 자녀의 영적인 복리에 대하여 참으로 염려를 하고 있습니까? 아내로서 당신은 당신의 남편에게 순종하십니까? 이 말이 구체적으로 무엇을 함의하는지 이해합니까?

- 혼인에서 여러분은 당신의 배우자와 자신 스스로에게 기대하는 바가 무엇입니까? 이러한 기대들이 성경적입니까?

- (교회에서의) 혼인 예고가 선언되었을 때부터, 주님의 이름으로 여러분의 혼인이 시작되고 주님의 영광을 위하여 이 혼인이 온전히 이루어지기를 여러분이 바라는 것입니다. 어떻게 주의 영광을 위해서 여러분의 혼인을 활용하고자 모색하고 있습니까?

- 여러분은 혼인 서약시에 약속한 모든 것에 대하여 여전히 열심을 내고 있습니까? 갈등에 대하여 어떻게 해결합니까?

3. 세례

- 여러분은 여러분의 힘을 다하여 자녀들에게 구원의 교리로 교육하고 교육을 받게 하기로 약속하였습니다. 이를 확실하게 감당하기 위하여 여러분은 무엇을 하고 있습니까? 여러분의 자녀교육에 있어서 어려움은 무엇입니까? 여러분은 자녀들이 학교에서 무엇을 배우고 있는지, 교리 공부반에서 배우는 내용이 무엇인지를 알고 있습니까?

- 여러분이 아버지와 어머니로서 모범적인 역할을 할 것을 약속한 바 잘 감당하고 있습니까? 아버지로서 당신은 가정의 머리라는 것이 무엇을 의미하며 또한 이 머리됨이 함의하고 있는 바를 잘 알고 있습니까? 여러분은 부모로서 자녀들(십대들의 갈등의 시기에도 역시)을 위해 은밀하게 그리고 그들이 듣는 가운데서 함께 기도합니까? 당신은 어머니로서 가정에서의 자신의 과업과 영향력을 잘 알고 있습니까?

- 여러분은 좋은 기독교 문학 서적이 여러분의 자녀들에게 쓸모 있다고 확신합니까?

4. 맹세와 관련된 성경 본문

- 창세기 28장 22절; 레위기 7장 :16절; 레위기 22장 18-22절; 민수기 6장 2절; 민수기 15장 3절; 민수기 30장 2절; 신명기 23장 21, 22절; 사무엘상 1장 11절; 시편 76편 11절; 시 116편; 전도서 5장 1-6절

주제 G형 _ 기도

이 주제 범위 안에서 장로들은 하이델베르그 요리문답 주의 날 제45-52 주의 증거 본문 및 설명과 더불어, 주의 기도를 사용할 수 있습니다. 기도는 우리가 주님께 감사하는 생활의 가장 중요한 부분입니다. 또한 가정에서 아버지가 기도의 모범을 보이고 가정에서 규칙적인 기도 생활을 하는지의 여부를 살피는 것이 유익합니다.

1. 일반적인 질문

- 기도가 여러분의 일정표상 규칙적인 부분입니까? 주님께서 여러분의 기도를 얼마나 기뻐하시는지를 여러분은 어떻게 압니까?(주의 날 제45, 117문답) 여러분은 성경을 읽으면서 겸해서 기도합니까?

- 남편과 아내가 함께 기도합니까? 가정에서 아버지로서 기도를 인도하는 모범을 보이고 있다고 자처합니까? 자녀들에게 기도하기를 가르치기 위하여 어떤 노력을 합니까?

- 찬양의 책에 있는 기도문을 사용한 적이 있습니까?

2. 기도 지침으로서 주의 기도

〈기도의 서언〉
- 여러분은 주님을 여러분의 아버지로 부르도록 허락하신 사실에서 위

로를 얻습니까? 여러분의 기도하는 방식에서 여러분이 주님을 영화롭게 하고 존귀히 여긴다는 사실을 어떻게 드러냅니까?

〈첫 번째 간구〉
- 주님을 바르게 안다는 것은 무엇을 의미합니까? 여러분의 삶 전체, 즉 생각과 말 그리고 행동에서 주님의 이름을 항상 영화롭게 하며 찬송을 돌린다는 사실을 여러분은 어떻게 제시합니까? 주님이 누구신지를 알아가는 데 도움을 주는 책들을 읽고 있습니까? 여러분이 교회의 동료 회원들과 함께 성경 공부 모임을 가지는 것이 왜 그토록 중요합니까? 개인적인 성경 공부로 충분하지 않습니까? 여러분의 가정에서와 개인 생활에서 어떻게 주님을 영화롭게 하며 찬양을 돌립니까?

〈두 번째 간구〉
- 주의 성신과 말씀으로 다스림을 받는다는 것이 여러분에게 어떤 의미를 가집니까? 여러분이 자신의 시간을 사용하는 경우와 대중 매체와 오락을 사용하는 경우에 이를 어떻게 적용시킵니까?

- 어떻게 하나님의 나라의 전진과 교회의 복리를 진실로 추구할 수 있습니까? 여러분은 주 예수 그리스도의 재림을 기도합니까?

〈세 번째 간구〉
- 여러분 자신의 뜻을 부인하는 차원에서 "주의 뜻이 이루어지이다"는 기도를 생각합니까? 성경이 여러분에게 중언부언하지도 말고 불평하지도 말라는 요구를 수용하십니까?

- 여러분이 기혼자든 독신이든, 또한 질병이나 심지어 죽음에 직면했을 때, 주님께서 여러분에게 부여한 소명과 직무를 어떻게 수행합니까?

- 여러분은 교회의 다른 지체를 위해 기도하며, 여러분을 필요로 하는 자들을 찾아나섭니까? 독신이라면 여러분은 복음 사역을 돕기 위해 얼마나 유효적절한 자리에 있는가를 아십니까?

- 단과대학과 종합대학에 다니는 학생들에게, 여러분은 주님이 그들에게 주신 소명과 직무라는 견지에서 자기들의 공부를 어떻게 바라보는지를 질문해도 좋습니다.

〈네 번째 간구〉
- 여러분은 진실로 하나님의 복주심이 없이는 여러분의 어떤 근심 걱정과 노력이라도 아무 유익이 없다는 인식 안에서 기도하며 일합니까?

- 여러분은 여러분의 확신과 신뢰를 오직 주님께만 둔다는 사실을 여러분의 삶에서 어떻게 보이십니까?

- 여러분은 여러분의 자녀와 직장 동료에게 사람은 빵으로 살 수 있는 것이 아니라 주의 입에서 나오는 말씀으로 산다는 사실을 어떻게 보입니까?

- 여러분이 번 수입으로 무엇을 하십니까? 여러분은 주를 섬기는 데 자

신의 수입을 사용하고 있습니까?

⟨다섯 번째 간구⟩

- 여러분은 주 예수 그리스도 안에서 여러분의 죄 용서를 구합니까? 여러분은 자신의 죄가 참으로 사함 받았다는 것을 믿습니까? 또한 주님께서 여러분의 삶에서 명백한 죄를 처리해 주시기를 간구합니까?

- 주님께서 여러분에게 보여주신 은혜를 알기 때문에, 여러분은 자신에게 죄 지은 자를 용서하고자 하는 마음이 있습니까? 참으로 여러분이 죄 사함을 받았다는 것과 지금은 화목과 새 생명의 길을 함께 걷고 있다는 사실을 말과 행동으로 분명하게 드러냅니까?

- 다른 사람들이 여러분과 함께 기도하고 그래서 여러분의 죄된 모양을 버리는데 도움을 줄 수 있도록 하기 위하여 여러분은 다른 사람들에게 여러분이 싸우고 있는 죄를 고백할 수 있습니까?(약 5:14-16) 만일 어떤 사람이 여러분에게 도움을 구한다면 여러분은 동정과 사랑을 보여줍니까?

⟨여섯 번째 간구⟩

- 여러분은 주님과 주님의 말씀 안에서만 유혹을 이길 수 있는 힘을 발견할 수 있다는 사실을 인정합니까? 시편101:3과 빌립보서 4:8의 말씀은 유혹을 이기는 데 어떤 도움을 줄 수 있는지 묵상하십시오. 이러한 성경 말씀이, 예를 들어, TV나 인터넷에서의 항목들을 선택 결정하는 데 어떻게 영향을 줍니까?

- 여러분은 "시험에 들지 않게 하소서"라고 기도하는 자들로서, 여러분

자신의 행동이나 몸짓, 말과 옷차림 등에 의해 주님 안의 형제와 자매들로 하여금 걸려 넘어지게 하지 않는다고 확신합니까?

- 우리가 사탄과 이 세상과 우리 자신의 죄성의 힘을 과소평가하는 위험에 처할 수 있다는 사실을 여러분은 어떻게 생각하십니까?

- 우리는 어떻게 성신의 능력에 의해 지지를 받고 힘을 얻을 수 있습니까?

부록 B

자녀를 위한 질문들

우리는 질문하는 방식과 억양조차도 그리스도 안에 있는 우리의 어린 형제들과 자매들에게 진정한 사랑과 공감을 보여주어야 합니다.

1. 기도

- 여러분은 개인적인 경건을 위해 시간을 할애합니까? 이렇게 하는 시간은 하루 중 어느 때입니까? 경건생활에 의해서 여러분이 깨달은 것은 무엇입니까?

- 여러분이 공식석상에서 식사 전 기도를 한 것이 언제입니까? 이 일이 왜 그리 중요합니까?

- 여러분은 자신의 죄 용서를 위해 기도합니까? 그때, 여러분의 구체적인 죄들을 언급합니까?

- 여러분 위에 있는 권위자들(부모님, 교사들, 직분자들, 정부)을 위해 기도합니까?

- 여러분이 "시험에 빠지지 않게 하소서"라고 기도하는 것은 무슨 의미입니까? 친구들과 함께 외출하기 전에 기도하는 것을 명심하고 있습니까?

2. 그리스도인으로서의 생활

- 여러분이 일을 하는 장소에서나 학교에서 여러분의 신앙을 어떻게 고백할 수 있습니까?

- 여러분의 옷 입는 방식을 그리스도인으로서의 행동과 관련지어 생각하십니까? 어떻게 그렇게 하십니까? 여러분이 선택하는 음악은 어떻습니까?

- 여러분은 교회에서와 세상에서 진행되고 있는 일에 대하여 얼마나 정통합니까?

- 여러분이 공적 신앙 고백을 할 준비가 다 된 시점이 언제인지 아십니까?

- 만약 교회에서 어떤 사람이 여러분으로 하여금 주님께서 싫어하시며 잘못된 것을 하도록 요구한다면 여러분은 어떻게 반응하겠습니까?

- 남녀간의 교제를 시작하는 적절한 방법은 무엇입니까? 이러한 이성 교제에 관해 부모님과 상의합니까? 주 안에서 산다는 것과 주 안에서 혼인한다는 것이 무슨 의미인지를 여러분은 아십니까?

부록 C

집사 심방

집사의 사역이 장로들의 사역과 다르다 할지라도 여러 가지 공통된 요점들은 집사의 심방에도 적용될 수 있습니다.

1. 정기 심방

집사들은 일단 2, 3년에 한 번 정도 회중들을 방문하는 것이 바람직합니다. 집사들은 이런 방식의 심방을 통해 자체 내 상존하는 결핍과 어려움들을 파악하고, 그리스도의 몸의 지체들로 하여금 그리스도적 자비를 보여주도록 권면할 수 있습니다. 이러한 심방에서 집사들은 "교중이 주의 상에 기쁘게 나아가며 성신 안에서 일체성과 교제를 증진시켜야 합니다."(교회 질서 22항)

집사들의 정규적인 가정심방시 다음과 같은 주제 사용을 추천합니다. 그들도 역시 다음의 주제들을 거론하고자 할 것입니다.

- 주님께서 그의 백성들에게 위탁하신 시간과 달란트의 사용에 합당한 청지기의 자세(눅 12장)
- '먼저 주의 나라를 구하라'는 것이 의미하는 바(마 6장, 눅 12장)
- 염려에 대한 대책(마 6장, 빌 4장)
- 헌상의 적절한 방법(말 3)
- 하나님의 교회를 세우는 것; 성도들의 교통과 관련하여(느헤미야, 롬 12장)

집사들은 정기적인 가정심방을, 교회 지체들로 하여금 다른 지체들의 복과 유익을 위해서 자기 은사들과 선물들을 사용하도록 장려하고, 친절과 관대함과 자비를 보이기 위한 기회로 삼아서, 하나님의 백성들의 기쁨을 풍성히 나눌 수 있도록 해야 합니다.

2. 심방 일정표

심방이 질서 있는 규모로 수행될 수 있도록 장로들과 집사들이 상호 긴밀한 교통을 가지는 것이 중요합니다. 집사들은 심방 일정의 혼란과 충돌을 피하기 위해서 장로(목사)의 심방 계획 수립에 조언을 해야 합니다.

심방을 계획하는 데 있어 과부와 독신 회원들은 적어도 3개월에 한 번 정도 집사나 장로, 혹은 목사에 의해 방문을 받는 그러한 방식으로 배정해야 합니다.

모든 공식적인 심방은 집사 두 사람에 의해 수행되어야 합니다. 가정심방은 성경을 읽고 기도하는 것으로 시작해야 합니다. 또한 추가 방문도 장려되어야 하며, 적절한 상황으로 여겨질 경우에 집사들이 각각(자기의 아내를 동반하여) 심방을 수행할 수도 있습니다. 그러나 과부들과 독신 자매들을 방문할 때 항상 각별한 신경을 써야 합니다. 만일 사전에 당사자 이외에는 아무도 집에 없다는 사실을 미리 알았다면, 어떤 직분자라도 혼자 방문해서는 안 됩니다.

만약 회원이 특별한 상황(질병, 장애)에 처해 있다면 집사들은 적합하게 여겨지는 대로 정기적인 심방을 해야 합니다. 입원 및 격리 수용된 자들은 최소한 한 달에 한 번은 방문해야 합니다. 이러한 방식으로 말씀 사역자가 설교와 가르침에 집중할 수 있도록 목사의 부담을 덜어주는 것입니다.

참고 자료

- Basoski, A. A. "Huisbezoek in de praktijk(심방의 실제)" in *Dienst* (봉사론) Vol 25 No. 4, (1977)
- Berghoef G. and De Koster, L. *The Elders Handbook* (장로직 편람)
- De Yong, P. Y. *Taking Heed to the Flock* (양무리를 돌보는 일)
- De Ridder, *Family Visitation* (가정심방)
- Groenenberg, P. "De ouderling en de kinderen op het huisbezoek (심방에 있어서의 노년층과 유아들)" in *Dienst* (봉사론) Vol 30 No. 2, (1982)
- Hendriks, A. N. *Als Huisverzorger Gods* (하나님의 집 청지기로서)
- Hendriks, A. N. *In de school van Christus* (그리스도의 학교에서)
- Meijer, W. *Vanavond Huisbezoek* (저녁 심방)
- Overduin, J. *Hoe moeten wij huisbezoek doen?* (목회지 심방은 어떻게 해야 하는가?)
- Prins, P. *Domine op huisbezoek* (심방 중인 주님)
- Schilder, K. *Christ and Culture* (그리스도와 문화)
- Trimp, C. *Zorgen Voor de Gemeente* (하나님의 도성을 보살피라)
- van Bruggen, J. *Ambten in de Apostolische Kerk* (사도적 교회의 직분)
- Vonk, C. *Huisbezoek in Gods gemeente* (하나님의 교구의 심방)
- Vonk, C. *Huisbezoek naar Gods geboden* (하나님의 명령에 따른 심방)

영광스러운
가/정/심/방

The Glorious Work
of Home Visits

부록_2

한국 개혁교회 질서

한국개혁교회질서

Reformed Churches in Korea

총 강

우리는 그리스도 예수를 교회의 유일하신 보편적인 감독이자 머리로서 고백한다(벨직 신앙고백서 제31조). 그리스도 예수께서 당신의 교회를 당신의 영과 말씀으로 모으시고 보호하시고 보전하신다(하이델베르크 교리문답 제21주일).

우리는 더 나아가서 그리스도의 교회는 "우리 주님께서 당신의 말씀 안에서 가르치셨던 영적인 질서로 반드시 다스려져야 된다"는 사실을 믿는다(벨직 신앙고백서 제30조). 이 질서의 간략한 설명이 본 고백서 제30-31조 항에 나와 있다.

우리 교회 질서, 특별히 제1조항에서 지적했던 바와 벨직 신앙고백서 제30-32조항에서 서술하고 있는 바를 비교해보면, 이 문서가 우리 교회들이 하나님의 말씀을 근거로 하여 고백하고 있는 것에 대해서 한층 더 잘 해설하고 있다고 우리는 결론을 내리게 된다.

사실상 교회 질서 안에 담긴 많은 구절들이 동일한 양식 안에서 특정한 문제들을 다루기 위해서 교회들 사이에 합의한 사항에 지나지 않는다. 또한 교회 질서 안에 있는 몇몇 조항들은 그리스도나 사도들의 명령에로 추적해볼 수 없는 것들도 있다.

그러나 이 조항들은 일치를 보여주고 또 공통적인 노선을 걷는데 교회들 간에 유익을 주는 것으로 규정되었다. 우리는 여기에서 특별히 제32,

43, 44c조항을 언급할 수 있다. 이 조항들과는 별개로, 세부적인 규칙들과 규정들을 포함하는 법전과 같은 종류는 없다.

게다가 일반적으로 말해서 우리 교회 질서는 우리가 성경에서 배웠던 "영적인 질서"에 토대를 두고 있다. 그러므로 교회 질서는 교회들 간에 또 각 지역 교회에서 믿음의 일치를 유지하는데 중요한 요인이다. 이러한 사실은 우리 교회 질서가 완전한 문서라는 것을 의미하지는 않는다.

심지어 신경들이나, 신앙고백서들이나, 교회 질서들은 성경과 동등한 수준에 두어서는 안 된다는 것은 말할 필요도 없다. 만일 이 속에 어떤 부분이 틀렸거나 잘못된 것이 있다고 인정된다면, 그 부분은 반드시 개정되어야 한다. 캄펜과 해밀턴 신학교 교수였던 고故 P. Deddens 박사는 "교회 질서가 있다는 것은 유익한 일이나, 그러나 성경을 열어서 함께 읽을 때만 이 유익하다"고 말했다.

그러나 교회 질서가 사람에 의해서 편찬되었다고 해서 아주 진지하게 다루어지지 않아도 된다는 견해를 고집하는 것은 잘못된 일이며, 아주 잘못된 처신이다.

돌트 교회 질서는, 우리가 이 질서에 대하여 1618-19년에 개최된 잘 알려진 돌트 총회에 신세를 지고 있는데, 그 당시의 분위기와 떼어 놓을 수 없다. 사실상 1568년의 베젤 회합에서 준비 작업이 맨 처음 진행되었다. 여기에서 준비 작업의 결과로 소위 '베젤 조항들'이라고 불리는 책이 출판되었다. 1571년에 개최된 엠덴 총회 이후에, 다른 총회들 역시 교회 질서를 다루었고, 또 다루면서 몇 번에 걸쳐서 개정되거나 아니면 확대되었다. 화란 교회들은 경험으로 배워야만 했다.

우리는 여기에서 1574년의 돌트 지역대회, 1578년의 돌트 총회, 1581년의 미델부르크 총회, 1586년의 헤이그 총회를 거명할 수 있다. 1618/19년의 돌트 총회는 단지 돌트 신경을 만들었을 뿐 아니라, 철저하게 개정된 교회

질서도 만들었다. 이런 이유로 인하여 이것이 돌트 교회 질서로 알려지게 되었다.

이때부터 네덜란드 개혁교회가, 1816년에서 1834년 사이에 방해를 받아 중단된 것을 제외하고는, 이 교회 질서를 고수하였다. 1834년에 헨드릭 드 콕 목사(H. de Cock)의 자극을 받아 분리파 교회들이 이 교회 질서로 환원하였고, 마찬가지로 1886년에 돌레앙티(Doleantie; 2차 분리) 교회들도 이렇게 하였다.

1892년에 두 교단의 재연합 이래로, 성경적인 교회 질서가 프레드릭 루쳐스(F. L. Rutgers)와 아브라함 카이퍼(A. Kuyper)에 의해서 유지되어 강력하게 보호를 받았다. 그러나 1920년대 이래로 계급주의적인 해석과 적용이 지배적이게 되면서, 40년대 초기 총회에 의해서 교회의 일치를 붕괴시키는 절정으로 이끌어갔다.

이 멍에로부터 스스로 자유케 한 교회들이 교회 질서 본문의 참된 해석에로 환원했다. 1978년의 흐로닝헨-자이드(Groningen-Zuid) 총회는 최신 개정판을 채택하였다. 이후 돌트 교회질서는 RCN(Reformed Churches in the Netherlands)의 교회 정치 형태로 재인식되었다.

캐나다 개혁교회는 1954년 11월에 매니토바 칼맨에서 '총회'라 불리는 첫 번째 총회가 개최되었다. 총회록 제73항은 화란 자매 교회에서 온 편지에서 캐나다 개혁교회가 네덜란드 개혁교회 질서를 채택했다고 언급했다. 그러나 그들은 몇몇 어려운 난제가 있다는 사실을 알았다. 그러므로 이 대회는 "'특수한 캐나다 상황(제94조)'과 관련하여 교회 질서를 개정할 필요성을 주장했고 또 결정했다."

우리는 1561년의 교회 질서를 다시 한 번 더 언급하는 것이 유익하다고 생각한다. 이 교회의 질서를 작성한 사람들과 이 교회 질서를 채택한 제네바 교회 당회는 이 교회 질서가 교중들의 생활에 중요한 문서가 될 것이라는 확신에 넘쳤다. 이러한 이유로 인하여 마지막 조항에서 다음과 같은 표현을 담고 있다. "1564년부터 이 교회 질서는 성 베드로 교회에서 3년마다 6월 첫째 주일에 공적으로 낭독한다." 제네바 교회는 이 문서에 친숙하게 되어야만 했다.

한국개혁교회(Reformed Churches in Korea)는 이 돌트 교회질서를 가감없이 교회정치 원리와 실제로 받아들였다.

개혁교회 생활의 화평과 향상과 존속을 위해서 교회 질서에 관한 지식이 탁월하게 중요한 의의를 가지고 있다는 것이다. 그러므로 만일 교회 질서가 직분자들 뿐만 아니라 교회의 일반 회원들도 이용하기 쉽게 만든다면 교회 질서가 매우 유익할 것이다.

우리는 이 인용문에서 특별히 '화평' 이라는 단어에 독자들이 관심을 집중해야 한다고 생각한다. 고린도전서 14장 33절에서 사도 바울은 다음과 같이 말씀했다. "하나님은 어지러움의 하나님이 아니시요 오직 화평의 하나님이시니라." 사도 바울은 다음과 같은 말씀으로서만이 고린도전서 14장을 마감할 수 있었다. "모든 것을 적당하게 하고 질서대로 하라."

그리스도의 교회는 그리스도 즉 구세주 안에 있는 하나님의 화평함으로 반드시 살아야 한다. 그리고 거기에다가 교회 사이에 질서를 틀림없이 유지해야만 한다.

I. 서론

제1조 목적과 구분

그리스도 교회 안에 선한 질서가 유지되기 위해서 마땅히 직분과 교리의 감독, 집회, 예배, 성례, 의식, 권징이 필요하다. 이 세부 항목들은 위에 제시된 순서에 따라 기술한다.

II. 직분과 교리 감독

제2조 직분
본 교회 직분에는 말씀 전하는 목사와 장로와 집사가 있다.

제3조 직분에로 부름
 또한 누구든지 합법적인 부르심을 받지 않은 채 스스로 어떤 직분도 취하지 못한다. 오직 남자 회원들만이 공적 신앙고백을 하고 또 성경 디모데전서 3장과 디도서 1장에 기술된 조건과 일치하다고 생각되는 자들이 직분에 적합하다. 어떤 직분을 뽑는 투표든 회중의 참여로, 먼저 기도하고, 이 목적을 위해서 집사회가 참여한 당회에 의해 채택된 규정들에 따라 실시한다. 집사회가 참여한 당회는 제각기 직분에 적합하다고 인정되는 형제들을 당회의 주목을 받을 수 있도록 미리 교중들에게 자유롭게 기회를 준다. 집사회가 참여한 당회는 공석을 채울 수 있을 만큼이나, 아니면 거의 배수 정도로 하든지, 아니면 필요하다면 공석만큼의 후보자들을 교중들에게 제시한다. 선출된 자들은 채택된 양식서에 일치하게끔 집사가 참여하는 당회에 의해서 임명된다. 임직 혹은 취임하기 전에 지명된 형제들의 이름을 공적으로 최소한 두 주 연속적으로 교중들에게 승인을 받기 위해서 발표한다. 임직식이나 취임식은 적합한 예식서를 사용하여 거행한다.

제4조 말씀 사역의 적격성
 A. 적격성 : 다음과 같은 사항에 적합한 자들만이 말씀 사역의 직분에로 부르심을 받는다.
  1. 우리 교회들에서 부르심에 적합하다고 공포된 자.
  2. 우리 교회들 가운데 한 교회에서 그 능력으로 이미 섬기고 있는

자, 아니면

3. 한국개혁교회와 자매 교회 관계를 유지하고 있는 교회 중에 한 교회에서 적격하다고 공포되고, 또 봉사하고 있는 자.

B. 적격 여부 공포 : 교회 안에서 다음 사항에 합한 자만을 부르심에 적격한 자로 공포한다.

1. 그들이 살고 있는 지역 노회의 예비시험에 합격한 자(이 시험은 교회들 가운데 한 교회에서 선한 기초 위에 서 있는 회원으로서 교회들에 의해 요구된 학업 과정을 성공적으로 이수했다는 것을 입증하는 서류를 자진해서 제출하지 않고는 시취할 수 없다).
2. 한국개혁교회가 자매 교회 관계를 유지하고 있고, 또 그들이 살고 있는 노회에서 시험을 치렀고, 이 목적에 부합하게 채택된 총회 규정들을 적절하게 준수하는 교회에서 섬기고 있는 자.
3. 제8조에 기술된 규칙에 따라 시험을 치른 자.

C. 재청빙 : 동일한 공석 교회에서 같은 목사를 두 번째로 청빙하려면, 노회의 승인이 요구된다.

D. 자문관 : (현재 목사가 없는) 공석 교회에서 청빙코자 할 때에, 자문관의 조언을 요구한다.

제5조 말씀 사역자의 임직과 취임

A. 이전에 목사로서 섬기지 않았던 자들은 다음과 같은 사항을 준수한다.

1. 그들은 오직 노회가 청빙을 승인하고 난 뒤에 임직한다. 노회는 다음과 같은 사항에 의거해서 청빙을 승인한다.

   a. 후보자의 교리와 행실의 건전함에 관해서 자기가 속한 교회의 당회가 서명한 만족할 만한 증거가 있어야 한다.
   b. 노회에 의해 실시된 후보자의 확정시험에 만족할 만한 결과가

있어야 한다.
2. 임직을 위해 그들은 예비시험 이래로 자신들이 속했던 교회(들)로부터 자신들의 교리와 생활의 선한 증거들을 당회에 보인다.
B. 목사 사역을 하고 있는 자들은 다음과 같은 사항들을 준수한다. 그들은 노회가 청빙에 승인한 뒤에 임직(취임)한다. 임직과 마찬가지로 승인을 위해서도 목사는 자신의 교리와 행실에 관하여, 집사회가 참여한 당회와 정당하게 자기를 면직시킨 노회로부터 즉 교회와 노회, 혹 동일한 노회 안에 남아있다면 다만 그 교회로부터의 고지서를 동봉한 선한 증거를 보인다.
C. 한국개혁교회가 자매교회 관계로 유지하고 있는 교회들 중의 한 교회를 봉사하고 있는 자의 청빙에 대해 노회의 승인을 위해서 연구회로 하여금 특별히 한국개혁교회의 교리와 교회 정치를 살피도록 한다.
D. 청빙에 대한 노회의 승인은 청빙한 교회가 [교중에게] 적합한 공포를 했고 또 교중이 청빙에 승인했다는 고지서를 요구한다.

제6조 교회 소속

누구라도 특정한 교회에 소속되지 않거나, 특정한 지역에 배치되지 않거나, 이방인들 혹은 복음에 소외된 자들로 말미암은 교회의 회집을 위하여 파송을 받지 않았거나, 여타의 특수한 과업을 부여받지 않는 한, 목사로서 사역할 수 없다.

제7조 최근에 회심한 자들

최근에 개혁 신앙을 고백하게 된 자는 합당한 일정 기간 동안에 잘 심사받지 않거나 또 지역 대회의 파견자들과 협력하여 노회에 의해서 신중하게 점검을 받지 않는 한, 누구라도 우리 교회들 안에 청빙에 대해 적격하다고 선언해서는 안 된다.

제8조 예외적인 은사들

정규 신학 과정을 이수하지 않은 자는 경건과, 겸손, 검소함, 밝은 지성, 분별력과 같은 예외적인 은사들에 대한 확증이 없는 한, 공적인 언변의 은사는 말할 것도 없고, 목사로서 사역하도록 허락해서는 안 된다. 이와 같은 자들이 스스로 목사로 자처할 때에, 지역 대회의 승인을 받은 후에, 노회는 이들에게 예비시험을 치르게 하고 또 노회 안에 있는 교회들에서 훈화의 말씀을 강설하도록 허용한다. 그리고 이 목적을 위해 채택된 보편 교회적인 규정들을 준수함으로 훈육하는 과정으로 간주하여 그들을 상대한다.

제9조 사역지 이전

이전에 합법적으로 청빙을 받은 목사가 집사회가 참여하는 당회의 동의와 노회의 승인 없이 다른 곳으로 사역지를 옮기려고 그 교회를 떠나서는 안 된다. 또 다른 한편으로 그가 봉사했던 교회와 노회로부터, 혹은 만일 그가 동일한 노회 안에 남아있다면, 단지 그 교회에 적합한 사면서를 제출하지 않는 한, 어떤 교회도 그를 받아들여서는 안 된다.

제10조 생활비의 적절한 지원

교중들을 대표하는 집사회가 참여하는 당회는 그 교회 목사(들)의 생활을 적절하게 지원할 의무가 있다.

제11조 면직 혹은 해임

만일 말씀 사역자가 효과적으로 교회를 봉사하고 또 세우는데 무기력하고 또 부적합하다고 판정된다면, 집사회가 참여하는 당회는, 교회의 권징에 대한 아무런 이유도 없이, 노회의 승인을 받지 않고 또 지역 대회의 파견자들의 일치하는 조언을 받지 않는 채로, 적합한 시기 동안 목사와 그의 가족의 생계에 관하여 합당한 정리가 없이, 그 교회에서의 사역을 그만두게 해서는 안 된다.

만일 삼 년 안에 청빙 요청을 받지 않는다면, 그는 마지막으로 봉사한 곳의 노회에 의해서 목사 신분 포기를 선언한다.

제12조 생활의 한계

한번 합법적으로 부르심을 받은 말씀의 사역자는 종신토록 교회의 봉사에만 전념해야 하므로, 대회에서 파견한 대표자들의 일치하는 조언과 아울러 노회의 승인을 받아, 집사회가 참여한 당회가 판단할 수 있는 예외적이고 실질적인 이유가 없는 한, 또 다른 직업에의 종사를 허용해서는 안 된다.

제13조 목사의 은퇴

만일 목사가 나이나 질병이나 육체적인 혹은 정신적인 장애로 인하여 직분의 사명을 수행할 수 없다고 판단되면, 그는 말씀 사역자의 명예와 직함을 보유할 수 있다. 또한 그는 자신이 마지막으로 봉사했던 교회와 자신의 공적인 결속을 보유할 수 있고, 또 이 교회는 은퇴 목사의 지원책을 명예롭게 마련해야 한다. 홀로 된 목사의 아내나 자녀들에게도 이와 동일한 의무가 있다. 목사의 은퇴는 집사가 참여한 당회와 노회와 지역 대회의 파견단들의 일치하는 조언으로 시행한다.

제14조 임시 휴직

만일 목사가 질병이나, 다른 실제적인 이유 때문에, 교회 봉사로부터 임시 휴직을 요청한다면, 그는 집사가 함께하는 당회의 승인으로만 동일한 예우를 받을 수 있고 그리고 어느 때든지 그 교중의 청빙에 복속된 채로 있다.

제15조 다른 곳에서의 설교
누구라도 그 교회 당회의 동의 없이 다른 교회에서 말씀을 설교하거나 성례 집행이 허용되지 않는다.

제16조 말씀 사역자들의 직무
말씀 사역자의 독특한 직무는 주님의 말씀을 교중에게 철저하면서도 신실하게 선포하며, 성례들을 집행하며, 온 교중을 대표하여 공적으로 하나님의 이름을 부르며, 또한 구원의 교리 안에서 교회의 자녀들을 교육하며, 교중의 회원들을 각 가정으로 방문하며, 병자들을 하나님의 말씀으로 위로하며, 더욱 장로와 함께 하나님의 교회를 선한 질서로 지키며, 권징을 시행하며, 주님께서 제정하신 방법에 따라 교회를 다스리는 일이다.

제17조 말씀 사역자들 간의 동등성
말씀 사역자들 간의 동등성이 자신들의 직무와 관련해서, 또 당회의 판정에 따라, 또 필요하다면 노회의 판정에 따라, 가능한 한 여타의 사안들에 관련하여서도 유지되어야 한다.

제18조 선교사들
말씀 사역자들이 선교사로 파송을 받을 때에, 그들은 여전히 교회 질서에 복속된 채로 있다. 그들은 자신을 파송한 교회에 사역을 보고하고 설명하며, 또 어느 때든지 교회의 부름에 복종한다. 그들을 파송한 교회와의 협의 하에서 그들에게 배당되거나 혹은 그들이 선택한 특수한 지역에서, 하나님의 말씀을 설교하고, 신앙을 고백한 자들에게 성례를 집행하고, 그리스도께서 자신의 교회에 명하신 모든 것을 가르쳐 지키게 하고, 하나님의 말씀 안에 명시된 규범에 따라서 실행 가능한 때에 장로들과 집사들을 임직한다.

제19조 사역자 양성

우리 교회들은 사역자들의 양성을 위한 신학 기관을 유지한다. 신학 교수들의 과업은 교수 자신들에게 맡겨진 과목들을 신학생들에게 교육하는 것이며, 그래서 우리 교회들은 이전 조항에서 적시한 대로 직무 수행이 가능한 말씀 사역자들을 공급받는다.

제20조 신학생

우리 교회들은, 재정적인 도움이 필요한 자들에게 재정적인 지원을 함으로써, 교회에 신학생이 있도록 노력한다.

제21조 훈화의 말씀

제8조에 따라서 훈화의 말씀을 강설하도록 허락을 받은 자들 이외에도, 또한 다른 자들도, 자기 스스로 양성을 받아 회중들 안에 소개되기 위해서, 보편 교회의 규정에 일치한 동의를 받는다.

제22조 장로 직분

장로의 독특한 직무들은 다음과 같다. 말씀의 사역자들과 함께, 그리스도의 교회를 감독하는 것으로, 모든 회원들이 복음에 따라 교리와 생활에서 합당하게 처신하도록 하며, 교중의 회원들의 각 가정에 신실하게 방문하여 하나님의 말씀으로 그들을 위로하고, 교훈하고, 권면하고, 합당치 않게 처신하는 회원들을 책망한다.

장로들은 그리스도의 명령에 따라 자기들의 불신과 불경건을 스스로 드러내며 회개하기를 거절하는 자들에 대해서 그리스도의 권징을 시행한다. 장로들은 성례들이 더럽혀지지 않도록 살핀다. 한층 더 장로들은 하나님의 집의 청지기로서 회중들을 돌봄으로써, 모든 것이 적당하고 선한 질서 안에 있도록 하며, 그리고 자신들의 책임 하에 있는 그리스도의 양무리를 쳐야 한다.

마지막으로, 선한 조언과 충고로 말씀의 사역자들을 돕고 그들의 교리와 행위를 감독하는 것이 장로의 직무이다.

제23조 집사 직분

집사의 독특한 직무들은 다음과 같다. 교회 안에서 자비 사역의 선한 과정을 살피는 것이며, 자진해서 가난한 자와 곤란 당한 자가 있는지를 파악하고, 그리스도 몸의 지체들에게 자비를 베풀 것을 권고하며, 더 나아가 헌금을 모으고 관리하여 그리스도의 이름으로 필요에 따라 분배한다.

집사들은 그리스도의 사랑의 은사들을 받는 자들에게 하나님의 말씀으로 격려하고 위로하며, 그리고 온 교중이 주의 만찬 잔치상에 참여하여 성신 안에서 하나됨과 교제를, 말과 행위로써 도모하도록 고무 진작한다.

제24조 직분 임기

장로들과 집사들은 지역 교회의 규정에 따라 2, 3년 동안 봉사하며, 적절한 수가 매년 사직한다. 사직한 직분자들의 자리는, 집사가 함께하는 당회가 교회의 형편과 유익상, 이들이 다른 임기 동안 섬기는 것이나, 임기를 더 연장하거나, 재선에 적격하다고 선언하는 것이 바람직하다고 판단되지 않는 한, 다른 자들로 채용한다.

제25조 동등성 유지

집사들 사이에서와 마찬가지로 장로들 사이에도 자신들의 직무에 관하여 동등성이 유지되며, 이는 가능한 한, 당회가 판단하는 여타의 사안들까지에서도 마찬가지다.

제26조 고백서에의 서명

모든 말씀의 사역자들, 장로들, 집사들과 신학 교수들은 이 의도로 채택된 동의서약서에 준해서 한국개혁교회의 고백서들에 서명 날인한다. 이 방식으로 서명하기를 거절하는 자는 누구든지 직분에 임직되거나 취임해서는 안 된다. 임직자 가운데서 그렇게 하기를 거부하는 자는 누구든지, 바로 이 사실 때문에, 집사들이 함께하는 당회는 즉각적으로 그를 정직시키며, 노회는 그를 용납해서는 안 된다. 그리고 만일 그가 완고하게 거부를 고집한다면, 면직시킨다.

제27조 거짓 교리들

교중에게 유입되어서 교리와 행실의 순수함에 위험을 초래하는 거짓 교리들과 오류들을 막아내기 위해서, 목사들과 장로들은 기독교 교육과 가정 심방의 경우처럼 하나님의 말씀 사역은 물론이거니와, 교훈, 논박, 경고와 권책의 방도들을 사용한다.

제28조 시민 정부

시민 정부 공직자들은 모든 면에서 거룩한 사역을 고무 진작해야 하듯이, 모든 직분자들은 모든 교중이 부지런하고 신실하게 마땅히 공직자에게 돌려야 할 복종과 사랑과 존경을 반드시 강조할 의무가 있다. 직분자들은 이 문제에 있어서 온 교중에게 좋은 본보기가 되어야 하며, 그리고 교회를 향한 당국자들의 호의를 확보하고 유지할 수 있도록 마땅한 존경과 의사소통으로 노력한다. 이렇게 하여 그리스도의 교회는 모든 면에서 경건하고 공손하게 하여 조용하고 평안한 생활을 하도록 한다.

III. 회의 소집

제29조 교회적인 회의
네 가지 교회적인 회의들 곧 당회, 노회, 지역 대회, 총회가 유지된다.

제30조 교회적 사안들
이 회의들은 단지 교회적인 사안들만 다루되 그리고 교회적인 방법으로 다루어야 한다. 광회는 소회에서 종결되지 않은 사안들이나 공동으로 그 교회들에 속해 있는 사안들만 다룬다. 이전에 그 광회에 제출되지 않았던 새로운 안건은 소회가 그 안건을 처리했을 때만이 이 의제에 포함시킬 수 있다.

제31조 호소
누구든지 자신이 소회의 결정에 의해서 부당한 대우를 받았다고 호소하면, 그는 교회의 광회에 항소할 권리가 있다. 그리고 다수결에 의해서 합의되었던 것은 무엇이든지, 하나님의 말씀이나 교회 질서와 충돌되는 것으로 판명되지 않는 한, 확정되어 구속력이 있는 것으로 간주한다.

제32조 신임장
광회에 파견된 대표자들은 자신들을 파견한 소회에 의해서 서명한, 신임장을 가져와야 한다. 그들은 특별히 자신들이나 자신들의 교회가 연루된 경우를 제외한 모든 사안들에 투표권을 가진다.

제33조 제의
한번 결정된 사안들은, 새로운 근거에 의해서 입증되지 않는 한, 다시 제의할 수 없다.

제34조 회의 절차
모든 회의 절차는 주님의 이름을 부르면서 시작하고 마친다.

광회들의 파회시에, 이 회의에서 책망받을 만한 일을 행한 자들에게나 혹은 소회의 권고를 업신여긴 자들에게 견책을 시행한다. 노회, 대회, 또는 총회는 각각 차기 노회, 대회, 총회의 일시와 장소를 결정하며, 소집 교회를 선정한다.

제35조 의장
모든 회의에는 다음과 같은 과업을 담당하는 의장이 있다.
a. 다루어야 할 모든 사안들을 분명하게 제시하고 설명하기 위해서,
b. 모든 참석자들이 발언 순서를 잘 지키는지 질서 확립을 위해서,
c. 사소한 문제에 대해서 논쟁하는 자들이나, 자기 스스로 도취되거나 혹은 자신의 강한 감정을 통제하지 못하는 자들에게 발언권을 주지 않기 위해서,
d. 경청하기를 거절하는 자들을 권징하기 위해서.
광회에서 의장의 직임은 파회할 때 끝난다.

제36조 서기

또한 서기는 기록할만한 가치가 있는 모든 사안들을 정확하게 기록 유지하는 과업을 맡은 자로 임명된다.

제37조 재판권
지역 대회가 노회 위에 있고, 총회가 지역 대회 위에 있듯이, 노회는 당회 위에 같은 재판권을 가지고 있다.

제38조 당회
모든 교회들에는 말씀의 사역자와 장로로 구성된 당회가 있으며, 일정하게 적어도 한 달에 한번은 모인다. 상례상 말씀의 사역자들이 의장이 된다. 만일 한 교회에 한 명 이상의 목사가 봉사하고 있다면, 그들은 교대로 의장을 한다.

제39조 당회와 집사회
장로의 수가 적은 곳에서, 집사들이 지역 교회의 합의로 당회에 가담한다. 이는 장로의 수나 집사의 수가 세 명 미만인 곳에서 불가피하게 시행한다.

제40조 당회의 구성
당회가 처음으로 또는 새로이 구성되어야 하는 곳에서는, 노회의 조언을 받음으로써만 구성한다.

제41조 당회가 없는 곳
아직 당회를 구성할 수 없는 곳은 노회에 의해서 이웃 당회의 보살핌에 맡긴다.

제42조 집사회

집사회가, 일정하게 한 달에 한 번씩, 자신들의 직무에 관계되어 있는 사안들을 다루기 위해서 별도로 모일 때에, 집사들은 하나님의 이름을 부름으로써 그렇게 한다. 집사회는 당회에 자신들의 사역을 설명한다. 목사들은 자비 사역의 업무를 스스로 파악하고, 필요하다면 집사회를 방문한다.

제43조 공문서

당회들과 광회들은 공문서들의 합당한 관리를 보장한다.

제44조 노회 소집

노회 소집은 저마다 합당한 신임장을 가진 한 명의 목사와 한 명의 장로나, 혹은 만일 교회에 목사가 없다면 두 명의 장로를 파견한, 이웃 교회들로 꿩되며, 이전 노회에서 결정된 시간과 장소로 소집된다. 만일 개최 교회가, 이웃 교회들과 협의해서, 어떤 교회도 노회 소집의 타당한 이유가 될 안건을 상정하지 않았다고 결론을 맺지 않는 한, 이런 회의는 적어도 석 달에 한 번씩은 개최한다. 그러나 노회 소집의 취소가 회기 중 재차 발생하면 안 된다.

이 회의에서 목사들이 윤번제로 의장을 하거나, 혹은 의장을 선임한다. 그러나 같은 목사를 연이어 두 번 선임해서는 안 된다.

의장은 직분자들의 사역이 지속되고 있는지, 광회의 결정 사항들이 존중되고 있는지, 그리고 당회들이 각 교회의 합당한 다스림을 위해 노회의 판단과 도움을 필요로 하는 사안들이 있는지 어떤지를 묻는다.

만일 한 교회에 둘 이상의 목사가 사역하고 있다면, 대표자로 파견되지 않는 목사는 자문단 자격으로 노회 회의에 참여할 권리를 가진다.

제45조 고문

목사가 없는 개 교회마다 원하는 목사를 고문으로 임명하도록 요청한다. 이 목적을 위해서 그는 당회의 선한 질서가 유지될 수 있도록, 그리고 특별히 목사를 청빙하는 문제에 그의 도움을 빌릴 수 있도록 당회를 보좌한다. 또한 그는 청빙서에 서명한다.

제46조 교회 방문단

매년 노회는 훨씬 경험이 많고 유능한 적어도 두 명 이상의 목사에게 권한을 부여하여 바로 그 해 안에 각 교회들을 방문토록 한다.

모든 것이 규정된 대로 그리고 하나님의 말씀과 전적으로 일치되게 행하는지, 또 직분자들이 서약한 대로 신실하게 자신들의 직무를 감당하고 있는지, 또 채택된 질서가 모든 면에서 잘 준수되고 또 유지되는지에 대해서 묻는 것이 방문단의 과업이다. 이는 방문단에 의해 특정 사안에서의 태만함이 적발되면 당사자들을 적시에 형제애로써 권면하고자 함이요, 또 그들의 선한 자문과 조언으로 모든 것이 그리스도의 교회를 세우고 보전하는 데 직결되도록 하기 위함이다.

방문단은 노회에 자기들의 방문 결과를 서면 보고서로 제출한다.

제47조 지역 대회

매년 상당한 이웃 노회들은 지역 대회 소집시 대표단을 파견한다. 이 지역 대회에 각 노회들은 목사 네 명과 장로 네 명을 파견한다. 만일 노회가 세 개 있다면, 회원 수는 목사 세 명과 장로 세 명이 된다. 만일 노회가 네 개 이상인 경우, 회원 수는 목사 두 명과 장로 두 명이다.

총회와 마찬가지로 지역 대회가 끝날 무렵에 그 다음 대회가 개최될 시기와 장소와 지정된 대회를 위한 소집 교회를 결정한다.

만일 지정된 기일이 되기 전에 대회나 총회 소집이 필요할 때에는, 소집 교회가 각각 노회나 대회의 조언으로 시간과 장소를 결정한다.

총회가 개최되기 마지막 대회에서 총회에 파견할 대표단을 선출한다.

제48조 지역 대회의 대의원

각 지역 대회는 교회 질서 안에 제기된 모든 사안들, 그리고 -노회의 요청에 근거하여- 특별한 난제들이 있는 경우에 노회를 돕기 위해 대의원단을 임명한다.

이 대의원단은 자기들의 활동사항을 합당하게 기록하며 대회에 자기들에 관한 서면 보고서를 제출한다. 그리고 만일 그런 요청이 있는 경우, 그들은 자기들의 활동사항을 설명한다.

대의원단은 대회 자체에서 그들을 해임하기 전까지 자신들의 과업에서 해제될 수 없다.

제49조 총회

총회는 삼 년마다 소집된다. 각 대회는 이 총회에 4명의 목사와 4명의 장로들을 총대로 파견한다.

총회는, 지역 대회의 판단에 따라 그럴 필요가 있음이 확연할 때에, 지정된 기일 전에 개최한다.

제50조 해외 교회들

해외 교회와의 관계는 총회 규정에 따른다. 외국의 개혁 신앙을 고백하는 교회들과의 자매관계는 가능한 한 최선을 다해서 모색 유지한다. 교회 질서상 사소한 문제들과 교회적인 관행의 차이로 인해 외국 교회들을 거절하지 않는다.

제51조 선교

우리 교회들은 선교적인 과업을 완수하도록 노력한다.

우리 교회들이 이 사안에 협력할 때에, 교회들은 가능한 한 노회들과 지역 대회들의 관할 영역을 지켜야 한다.

IV. 예배, 성례와 예식들

제52조 예배

당회는 주의 날에 두 번씩 교중을 다 함께 예배를 드리기 위해 소집한다. 당회는 규칙적으로 매주 한번은 하이델베르크 교리문답 안에서 요약된 대로 하나님의 말씀의 교리가 선포되도록 확정한다.

제53조 기념일

매년 교회들은, 당회에 의해서 결정된 방식으로, 주 예수 그리스도의 탄생, 죽음, 부활과 승천을 성신의 부어주심과 마찬가지로 기념한다.

제54조 기도의 날

전쟁, 보편적인 참화, 다른 큰 재해가 발생시, 온 교회들을 총망라하여 통감하게 된 경우, 총회가 이 목적을 위해 지정한 교회들이 기도의 날을 선포한다.

제55조 시편과 찬송

예배시에는 총회에 의해서 채택된 운율에 따른 시편과, 총회에 의해서 승인을 받은 찬송을 부른다.

제56조 성례 시행

성례들은 오직 당회의 권위 하에서, 공적인 예배 시에, 말씀의 사역자에 의해서, 채택된 예식서를 사용하여 시행된다.

제57조 세례

당회는 하나님의 언약이 가능한 한 빨리 신자들의 자녀들에게 세례로 인치도록 확정한다.

제58조 학교

당회는 부모들이, 자신들의 역량껏 최선을 다해서, 자녀들을 교회가 고백서 안에서 요약해 놓은 대로 하나님의 말씀과 일치된 교육을 하는 학교에 다니도록 할 책임이 있다.

제59조 성인 세례

세례를 받지 않은 성인은 공적인 신앙 고백으로 거룩한 세례를 받아 그리스도 교회에 접붙여진다.

제60조 주의 만찬

주의 만찬은 적어도 석 달마다 한 번씩 기념한다.

제61조 주의 만찬 허용

당회는 오직 공적으로 개혁 신앙을 고백하고 경건한 생활을 하는 자들에게만 주의 만찬을 허락한다. 자매 교회 회원들은 자신들의 교리와 생활에 관한 선한 증명서를 근거로 해서 허락한다.

제62조 신행 증명서

자매 교회로 출석하는 수찬 회원들은, 교중에게 이전에 광고를 한 뒤에, 당회를 대표하여 두 명의 당회원이 서명한, 이들의 교리와 생활에 관한 증명서를 발행한다.

비수찬 회원의 경우에 이와 같은 증명서를 해당 교회의 당회에 곧바로 보낸다.

제63조 혼인

당회는 교회 회원들은 단지 주님 안에서만 혼인하며, 목사들은 -당회의 권위로서- 하나님의 말씀에 일치되는 혼인에 한해서만 서약하도록 한다.

혼인 서약은 사적인 예식이나 공적인 예배시에 시행한다. 채택된 혼인 서약 예식서를 사용한다.

제64조 교적부

당회는 회원들의 이름, 출생, 세례, 공적인 신앙고백, 혼인, 이탈 혹은 사망 일자가 정확하게 기록되어 있는 교적부를 유지 관리한다.

제65조 장례식

장례식은 교회적인 사안이 아니라 가정 사안이며, 따라서 알맞게 진행되어야만 한다.

V. 그리스도의 권징

제66조 성격과 목적

교회 권징은 영적인 성격이며, 그리고 천국 열쇠들 가운데 하나로서, 이 천국을 닫고 열 수 있도록 교회에 주어졌기 때문에, 당회는 교리의 순수성과 행실의 경건성 둘 다를 거스르는 죄들을 벌하는 데 사용하여, 죄인으로 하여금 교회와 그의 이웃과 화해하고, 그리스도의 교회로부터 모든 범죄가 제거되도록 - 마태복음 18:15-17에서 우리 주님께서 주신 규율에 대해 순종으로 따를 때만 시행될 수 있다 - 확정한다.

제67조 당회 가담

당회는, 개인적인 권면과 한 두 명의 증인이 중참한 권면에도 아무런 열매가 없거나, 혹은 그 범죄의 성격상 공공연함이 먼저 확정되지 않는 한, 당회에 보고된 바, 교리의 순수성이나 혹은 생활의 경건성에 포함된 어떤 문제라도 다루지 않는다.

제68조 출교

당회가 하는 권면을 완고하게 거부하는 자나, 혹은 공적인 죄를 범한 자는 누구든지 주의 만찬 참여를 금지한다. 만일 그가 스스로 강퍅하여 죄 짓기를 고집한다면, 당회는 공적인 광고 수단을 통해서 이를 교중에게 알림으로써, 교중은 기도와 권면에 동참토록 하며, 그래서 출교가 교중의 협력이 없이 일어나지 않도록 한다.

첫째 공적인 광고에서는 죄인의 이름을 거명하지 않는다.

둘째 공적인 광고에서는 -노회의 동의를 받고 난 뒤에만 시행해야 하는 바- 죄인의 이름과 주소를 적시한다.

셋째 공적인 광고에서는 죄인의 출교가 시행될 일자를 명시한다.

비 수찬 회원이 자신을 강퍅하게 하여 죄짓기를 고집하는 경우에, 당회는 동일한 방식으로 공적인 광고 수단을 통하여 교중에게 알린다.

첫째 공적인 광고에서는 죄인의 이름을 거명하지 않는다.

둘째 광고에서는 - 노회의 동의를 받고 난 뒤에만 시행해야 하는 바 - 죄인의 이름과 주소를 제시하고 그 죄인의 출교 일자를 명시한다.

여러 번 있게 될 광고의 기간은 당회가 정한다.

제69조 회개

누군가가 공적인 죄나 혹은 당회에 보고되지 않을 수 없었던 죄에 대해 회개했을 때에, 후자는 참된 개선이 보이지 않은 한 그의 죄에 대한 고백을 인정해서는 안 된다.

당회는, 교중의 유익상 이 죄의 고백이 공개적으로 이루어져야 하는지, 아니면 -이런 경우는 당회 앞에서나 두 세 명의 직분자 앞에서 행해지는 것인데- 교중에게 향후에 통지해야 할지의 여부를 결정한다.

제70조 재허입

출교되었던 누군가가 회개하여 다시 교회의 교통 안으로 받아주기를 간청할 때에, 교중에게 어떤 합법적인 반대가 있는지의 여부를 살피기 위해서 그의 간청을 통지해야 한다.

출교에 대한 공적인 광고와 죄인의 재허입 사이의 기간은 한 달 이상이어야 한다.

만일 합법적인 반대가 제기되지 않으면, 이 목적을 위한 예식서를 사용하여 재허입한다.

제71조 직분자의 정직과 면직

목사들이나, 장로들이나, 집사들이 공공연한 범죄시 혹은 달리 중대한 범죄시, 또는 집사가 가담한 당회에 의한 권면을 무시할 때에, 그들은 집사가 함께 하는 자기 당회와 이웃 교회의 집사가 함께 하는 당회의 판단에 의해 직무가 정지된다. 그들이 스스로 강퍅하여 죄 짓기를 고집할 경우, 혹은 범죄의 성격상 직무를 계속 수행할 수 없을 경우, 장로들과 집사들은, 집사와 함께 하는 위에 언급된 당회들의 판단에 의해서 면직시킨다. 노회는, 지역 대회 대의원단의 동의와 재청을 얻어, 목사의 면직 여부를 판단한다.

제72조 직분자에게 해당하는 심각하고 중대한 죄

직분자의 정직 혹은 면직의 근거가 되는 심각하고 중대한 죄들은 다음과 같이 특별하게 명시한다. 즉 거짓 교리 혹은 이단, 공적인 파당행위, 신성모독, 직분 매매, 직분의 불성실한 유기 혹은 다른 직분의 침해, 거짓 맹세, 간음, 음란, 도둑질, 폭력 행위, 술 중독, 다툼, 불의한 재산증식, 그리고 더 나아가 교회의 다른 회원들에 관하여 출교의 이유에 해당되는 그와 같은 모든 죄와 심각한 악행들이다.

제73조 그리스도적 견책

목사, 장로, 집사들은 상호간에 그리스도적인 견책을 시행하며 그리고 자신들의 직분 수행과 관련하여 피차 권면하고 우호적인 충고를 한다.

제74조 주관 금지

어느 교회라도 어떤 방식으로든지 다른 교회들을 주관하지 못하며, 어떤 직분도 다른 직분을 주관하지 못한다.

제75조 교회 재산

동산이든 부동산이든, 제 각각의 노회들, 지역 대회들과 총회에 공동으로 포함된, 우리 교회들에 속한 모든 재산은, 때때로 승인한 노회, 지역대회, 총회에 의해서 이 목적을 위해서 선임된 대의원단 혹은 이사진들에 의해서 동일하게 분배하여 이 교회들을 위해서 보관한다. 그리고 그 대의원단과 이사진들은 자신들의 임명과 수임 기간에 한정되며, 다음 노회, 지역 대회 혹은 총회에 의해 해임된다.

제76조 교회질서의 준수와 개정

교회의 합법적인 질서를 고려한 이 조항들은, 공동의 합의에 의해서 채택되었다. 만일 교회의 권익상 그러기를 요구한다면, 그 조항들은 변경, 논의, 폐기할 수 있고 또 반드시 그렇게 해야 한다. 그러나 어떤 당회, 노회 혹은 지역 대회도 그렇게 하도록 허락받지 않았으며, 그래서 이 조항들이 총회에 의해서 변경되지 않는 한, 이 교회 질서 조항들을 준수하려고 부지런히 노력해야 한다.

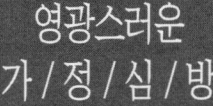
영광스러운
가/정/심/방
The Glorious Work of Home Visits

부록_3 한국개혁교회 독노회 규칙

한국개혁교회 독노회 규칙

제1조 한국개혁교회 독노회
총회 구성이 가능할 때까지 한국개혁교회는 독노회로 존재한다. 현재 독노회는 광주개혁교회, 대구개혁교회, 산성개혁교회, 전주자유개혁교회로 구성된다.

제2조 회집
2.1 노회는 통상시에는 매년 3회(3월, 7월, 11월) 모인다.
2.2 각 교회는 목사 1명과 장로 1명을 파송하며, 목사가 없는 경우에는 두 장로를 파송한다(교회질서 44조 참조). 장로 유고시 집사가 대의원으로 파송될 수 있다(교회질서 39조 참조).
2.3 두 교회가 같은 이유로 소집을 요구하면 소집교회는 지난 노회에 의해 정해진 날짜 전에 노회를 소집할 수 있다.
2.4 노회는 방문하는 모든 교회신자들에게 공개된다. 노회가 비공개 회로 어떤 특수한 안건(예: 특정인의 행위와 교리, 시험, 권징문제)을 다루기로 결의하면 노회가 달리 결정하지 않는 한 노회에 속한 교회들의 직분자들만을 참석하도록 한다.

제3조 소집교회
다음 노회를 소집할 한 교회를 지정해놓아야 한다(가나다 순으로). 소집교회의 의무는 다음과 같다.

3.1 노회일자 4주 전에 소집통지서를 각 교회에 보내면서, 노회 날짜 3주 전까지 소집교회에 안건을 제출하고 가능한 한 속히 노회 날짜를 회중에게 알릴 것을 요구한다.

3.2 의사록을 작성하고 각 교회에 사본 셋을 보낸다. 소집교회는 보고서, 제의안건, 항소를 제출한 분들이 노회의 각 대표를 위해 충분한 사본을 제출한다. 모든 보고서, 제의안건, 항소장은 노회 4주 전에 제출한다. 소집교회가 후에 받은 사본은 가능한 한 속히 교회들에게 보낸다.

3.3 노회 고시를 시행하는 경우에 임시의사일정에 설교 본문과 신구약 주석시험을 위한 성경 장절을 포함한다.

3.4 노회를 구성하기 전에 각 교회 대의원들의 신임장을 제정한다.

3.5 노회가 구성되기 전에 대의원들이 서명을 하기 위한 (교회 이름의 가나다 순으로) 참석자 명단을 미리 준비한다.

3.6 소집 통지서에는 지교회 대의원들의 숙박여부도 포함한다.

3.7 소집교회의 개회사와 더불어, 모든 신임장 제정 확인과, 임원 선출로 노회 성원을 선언한다.

제4조 임원

매 노회는 다음의 임원들을 선출한다.

4.1 의장: 목사들이 윤번제로 회의를 주재한다.

4.2 부의장: 필요할 때 의장을 대신하고, 공보 작성한다.

4.3 서기: 회의록을 작성하고, 서신을 관리하고, 모든 문서를 보관하며, 문서들을 기록 보관인에게 보낸다. 서기는 또한 노회 회의록 사본을 각 교회들에 보낸다.

제5조 의사일정

의사일정은 다음과 같다.

- 5.1 소집교회 개회사
- 5.2 소집교회 당회 서기에 의한 신임장 제정(교회질서 32조)
- 5.3 노회 구성
- 5.4 임원 선출
- 5.5 의사록 채택
- 5.6 교회질서 44조에 따른 질문
- 5.7 안건 토의
- 5.8 서신
- 5.9 위원회 보고
- 5.10 차기 노회 소집 교회 및 임원, 위원 선정
- 5.11 개인 질의
- 5.12 교회질서 34조에 따른 견책
- 5.13 회의록의 채택과 공보 동의
- 5.14 파회

제6조 절차

- 6.1 모든 발의는 정식 동의가 있어야 하고 요구가 있으면 서면으로 제출한다.
- 6.2 항소 절차
- 6.2.1 항소장은 적어도 노회 4주 전에 소집교회에 제출한다. 노회 대의원들과 노회 문서 보관을 위한 사본들을 제출한다.
- 6.2.2 당회결의를 반대하는 항소는 다음과 같이 진행한다. 항소자들은 항소장과 이에 따르는 문서를 적어도 노회 8주 전에 항소 관계자

들과 소집교회에 제출한다.
6.3 투표 절차
6.3.1 개인에 대한 투표는 비밀투표로 한다. 다른 문제들은 구두호명이나 거수로 한다.
6.3.2 구두표결은 교회의 가나다 순으로 참석자 명단에서 투표자들을 호명함으로 행한다.
6.4 임명 절차
6.4.1 모든 임명은 동의가 있어야 한다. 임명은 노회가 미리 달리 정하지 않는 한 과반수로 결정한다.
6.4.2 재투표 후에도 과반수 미득표시 최다득표자와 차순위자를 후보자로 투표한다. 양자 동수 득표시 연장자를 피택한다.

제7조 임명

노회는 당해 마지막 노회에서 다음 위원들을 임명한다.
7.1 회계
7.1.1 임무: 회계는 예상 비용을 각 교회들의 수찬 회원들에게 부과한다.
7.1.2 노회 위원회, 교회 방문단, 소집교회에 의해 생긴 비용을 지불한다. 모든 청구서에는 서명날인 한다. 기타 비용은 노회 결정으로만 지불한다.
7.1.3 회계는 매년 첫 노회에서 지난해 수입 지출 보고서를 제출한다.
7.2 회계 장부 감사 교회
회계 장부 감사 보고서를 매해 두 번째 노회에 제출한다.
7.3 교회 방문단
노회 방문단은 2명으로 구성한다. 방문단의 의무는 매년 일 회각 교회를 방문하고 그 결과를 노회에 서면으로 보고한다. 보고서에서 방문자들은 미해결 난제들은 공표하지 않고, 다만 해결 사안만을 공표한다.

7.4 고시위원회

7.4.1 임명된 고시원들의 의무는 소집교회와 시험을 받을 후보자들에게 과제를 준다(교회질서 4조).

7.4.2 고시는 목사예비 고시와 목사 고시로 나눈다. 목사예비 고시에 합격했을 때 노회는 교회들에 청빙 후보임을 공표하고, 교회의 청빙시 목사 고시를 치른다.

7.4.3 과제

고시위원들은 다음의 과제를 준다.

A. 목사예비 고시:

1) 주해: 고시 3주 전에 신구약 각 1장씩 택한다(구두시험).

2) 논문: 고시 3주 전에 논문제목을 정하며 논문은 고시 1주 전에 고시위원들에게 제출한다.

B. 목사 고시.

설교: 고시 3주 전에 설교본문을 정한다.

신조와 교회질서(구두시험)

7.4.4 서류 제출

고시 전에 다음 서류를 제출한다.

A. 목사예비 고시

1) 노회가 인정하는 신학교에서 신학교육 이수 증명

2) 소속 당회의 인증서

B. 목사 고시

1) 교회청빙서와 수락서

2) 목사예비 고시 이후 소속 교회 당회 인증서

7.4.5 고시시간표

고시시간은 다음과 같다.

A. 목사예비 고시

주해: 구약 주해…20분

　　　신약 주해…20분

논문: 내용 질의 응답 토론…20분

B. 목사 고시

설교: 제한 없음(표준20-30분)

교리, 신조(일치신조)…25분

교회질서…20분

7.5　교회 문서 관리 교회

다음 문서들을 보관한다.

1. 노회 회의록

2. 노회 목사들의 동의서약서

3. 교회방문단 보고서

4. 왕래 서신들의 사본

5. 노회 자료 목록

7.6　노회문서 감사 서면 보고는 매년 둘째 노회에 제출한다.

7.7　대외 교류 위원회

개혁신학, 신앙, 생활에 충실한 교회들과 접촉하고 교회의 일치를 추구하는 것이 대외 교류 위원회의 임무이다. 이를 위해 임명된 위원들은 수시로 그 결과를 노회에 보고한다.

제8조 예배처소

8.1 노회는 개혁교회가 없는 지역에 개혁신앙을 가진 가정이 다섯 가정 이상, 수찬신자 열 명 이상이면 예배처소로 인정하고, 3년 동안 인근 개혁교회와 협력하게 한다(교회질서 40조).

8.2 예배처소가 최소 10가정, 20명의 수찬신자가 될 때 교회를 조직한다.

8.3 예배처소로 인정 후 3년이 경과되어도 교회 조직이 불가능할 때는 다시 삼년을 연장할 수 있다. 그 후에도 교회 조직이 불가능할 때에는 예배처소를 해체하고 그 곳 신자들을 인근 교회에 속하게 한다.

제9조 교회 연대 가입

본 독노회에 연대하기를 원하는 교회는 다음 절차를 밟는다.

9.1 해당 교회 당회(집사 포함)가 성경을 정확무오한 하나님의 말씀으로 고백하고, 일치신조(벨직신앙고백, 하이델베르크 교리문답, 돌트신경)와 개혁교회 교회질서를 받는다.

9.2 당회(집사 포함)와 회중이 함께 모여 9.1을 수용한다.

9.3 노회는 9.1과 9.2가 문서로 확인될 때 해당 교회를 1년간 참관 교회로 받아들여 노회에 참석하게 하고, 1년 후 하자가 없으면 연대 교회로 받아들인다.

영광스러운
가 / 정 / 심 / 방

*The Glorious Work
of Home Visits*

부록_4 교회 방문단 질문 목록

교회 방문단 질문 목록

서론

교회연대에 속한 교회들은 교리와 생활의 순수성을 유지하기 위해 말과 행위로 서로 도울 사명을 가진다. 교회들은 "매년 노회는 훨씬 경험이 많고 유능한 적어도 두 명 이상의 목사에게 권한을 부여하여 바로 그 해 안에 각 교회들을 방문토록 한다"는 교회질서 46조에 동의를 했다. 그럼으로 노회의 위임을 받은 방문단은 노회 내 모든 교회들을 방문할 사명을 가지고 있고 교회들은 이들을 영접할 의무를 지고 있다.

교회 방문은 피차 돌아보고 봉사하는 방도이다. 지역 교회에 속한 사항에 개입하거나 다른 교회를 주관하는 수단이 아니다. 한 교단에 속한 교회들로서 우리는 피차에 대해 책임이 있다. 이는 지역 교회 집사가 포함된 제직회나 확대당회 편에서 진술한 개방성이 요구되는 만큼, 방문단의 입장에서도 지혜와 신중한 분별력을 요구한다.

아래 수록된 질문들은 "캐나다 개혁교회 온타리오 서노회"와 "호주 자유개혁교회 북노회"가 받아 사용하고 있는 것을 참조하여 작성한 것이다. 캐나다개혁교회의 질문들은 교회방문자들에게 지침으로 제공된 것으로 방문시 토론에 도움을 주기 위한 것이라 밝히고 있다. 반면에 호주 자유개혁교회의 것은 토론을 위한 지침이 아니고 방문자들이 사용하는 선명한 질문으로 이루어져 있다. 양자에 장단점이 있다.

그런데 아래 정리한 질문들은 양 교회의 것을 종합 참고하여 마련한 것으로 방문단과 이들을 영접한 당회간의 토론을 위한 지침이 아니고 방문단이 제시할 공적 질문들로 작성된 것이다.

하지만 여기 제시된 방문단의 질문들이 당회의 "예" 혹은 "아니오"의 답을 받아 내는 하나의 점검표처럼 취급되어서는 안 된다. 또한 인간의 호기심을 채우기 위한 방편이 되어서도 안 된다.

당회(집사들을 포함하는)는 방문단을 맞이하기 전 미리 질문 하나하나를 신중하게 점검하여 토의하고 총의를 모아 답을 해야 하며, 개인의 의견을 개진함으로 당회원들 사이에 의견 충돌이 일어나도록 해서는 안 된다. 일반적으로 목사에 대한 질문에는 한두 장로들이 맡아 답을 하게 되지만, 어떤 것은 목사 자신이 답을 하기도 한다(예: 사례 문제).

장로들에 대한 질문에 대하여는 어떤 것들은 목사가 답을 해 주게 되고, 다른 것들은 한두 장로가 맡아 답을 하게 된다. 집사들에 대한 질문에도 내용에 따라 목사나 장로가 답을 해 주기도 하고 한두 집사가 직접 답을 하게 된다. 모든 질문의 내용을 살펴보면 목사, 장로, 집사 가운데 누가 답을 해야 할 것인지를 쉽게 분별할 수 있다.

A. 일반 규칙

1. 매 노회는 교회방문단을 지명하여 위임 일에 관한 교회질서 46조가 이행되었는지 확인한다.
2. 교회방문단은 교회 방문을 하게 될 날에 대하여 적어도 14일 전에 미리 관련된 당회에 알려서 당회가 방문에 대해서 회중에게 때맞추어 알릴 수 있게 한다.

3. 방문 전에 당회(목사와 장로들)와 집사들은 방문 시에 제시될 수 있는 질문들에 관하여 충분히 논의함으로 가능한 당회원 개인 의견보다 당회의 총의를 모아 대답한다.
4. 당회원 전부와 집사들은 방문 시에 출석한다. 정당한 결석의 경우 그 이유를 서면으로 제출한다. 만일 직분자들의 3분의 2가 참석하지 않으면 그 교회방문을 연기한다.
5. 교회방문단은 간명한 서면 보고서를 차기 노회에 제출한다. 보고서 사본을 방문 교회에 보낸다.

B. 도입 질문

1. 교회 방문의 일자와 장소에 대해 적기에 회중에게 알렸습니까?
2. 당회원 모두와 집사들이 참석했습니까? 참석하지 못했다면 그 이유는 무엇입니까?
3. 현재 교회에 속한 수찬 회원과 비수찬 회원이 각각 몇 명입니까? 작년에 비교하여 그 수에 어떤 변화가 있습니까? 회중은 어떻게 구성되어 있습니까?(예를 들면 노년들, 청장년, 독신자들, 어린이들 …)
4. 당회가 교회 방문단으로부터 어떤 일에 관하여 도움을 필요로 하거나 알기를 원하는 일이 있습니까?(서로 합의하면 방문 끝에 이것이 논의될 수 있다.)

C. 직분자들에 관한 질문

I. 직분에로의 부름

(직분에로의 부름은 질서 있는 방법과 하나님의 말씀에 순종함으로 이루어져야 한다. 교회

는 부르심의 영적 성격이 유지되도록 한다.)

질문 :
1. 당회는 아무도 합법적으로 부름을 받지 않고 스스로 직분을 취하지 못하도록 주의를 기울이고 있습니까?
2. 직분을 위한 성경적인 조건이 잘 적용되고 있습니까?
3. 직분으로의 부르심에 회중이 어떻게 가담하고 있습니까?
4. 직분을 위한 후보자로 지명될 수 있는 충분한 수의 형제들이 있습니까?
5. 형제들이 직분을 위해 어떤 준비를 하고 있습니까?
6. 직분자 선출 규정을 회중이 알고 있습니까?

II. 말씀의 사역자(들)에 관한 질문

(목사의 첫 번째 사명은 말씀 선포에 충성하는 것이요, 다음은 구원의 교리를 청소년들에게 가르치는 것이며, 그 다음은 양 무리를 돌보는 것이다.)

질문 :
1. 말씀 사역자가 직분을 성실하게 수행합니까?
2. 말씀 사역자가 하나님의 말씀과 일치신조를 고수하고 있습니까? 목사의 설교가 이와 일치합니까?
3. 설교로부터 목사가 부지런히 하나님의 말씀을 연구한다는 사실이 분명히 알려지고 있습니까? 목사가 설교 준비할 시간이 충분합니까?
4. 당회는 목사의 설교에 관하여 토론하고 평가하는 시간을 갖습니까?(교회질서 22과 27조)
5. 공·사 생활에서 그의 품행이 주의 신실한 종에 상응합니까?

6. 목사가 교회 청소년들에게 구원 교리를 성실하게 가르치고 있습니까? 얼마나 많은 학생들과 몇 개의 반이 있습니까? 목사가 다 가르칠 수 있습니까?
7. 장로들이 교리교육반들을 정규적으로 방문합니까?(당회 장로들은 매년 몇 번 순번을 정해 교리교육반을 참관하고 당회에 보고한다.)
8. 부모들은 자녀들을 위한 목사의 교리 교육에 잘 협력합니까?
9. 목사는 회중 가운데 병자와 특별한 환경 가운데 있는 분들을 성실하게 방문합니까? 이를 위해 목사, 장로, 집사 간에 선한 협력이 있습니까?
10. 당회는 목사에게 가족을 부양하기에 충분한 사례를 제공합니까?(교회질서 11조)
11. 당회는 목사가 은퇴할 때를 고려하여 어떤(재정적인) 준비를 합니까?

III. 장로 직분자들에 관한 질문

(장로 직무는 그리스도의 교회를 감독하고, 가정을 심방하고, 권징을 시행하며, 성례가 더럽혀지지 않게 돌보는 것이다.)

질문 :
1. 몇 명의 장로들이 봉사하고 있으며 현재의 수가 충분합니까?
2. 장로들이 예배에 성실하게 참석하고 당회에도 성실하게 참석합니까?
3. 장로들이 가정심방을 성실하게 합니까? 두 명씩 팀을 이루어 심방을 합니까?(공적인 심방은 꼭 장로 두 명씩 짝을 지어 해야 하며, 장로가 한 명만이 있는 경우에는 목사나 집사가 반드시 동반한다.)
4. 가정 방문시 그 진행을 어떻게 합니까?
5. 교리와 생활에서 비기독교적인 성향을 보이는 회원들을 깨우치도록

하기 위해 가르치고, 잘못을 밝히고, 훈계를 합니까?
6. 교회 회원들이 장로들을 그리스도의 사신들로 받으며, 장로들이 또한 그리스도의 사신들임을 보여줍니까?(장로들은 심방의 조직과 내용 면에서 이를 보인다.)
7. 예배에 참석할 수 없는 회원들을 얼마나 자주 방문합니까?(연로하여 기동하기 어려운 회원들과 병중에 있는 회원들)
8. 교회에서 멀리 떨어져 사는 회원들을 어떻게 다루십니까?
9. 당회에 정규적으로 심방보고를 합니까?
10. 공·사 생활에서 장로들의 품행이 주님의 신실한 종들에 상응합니까?
11. 성례가 더럽혀지지 않도록 장로들이 하는 일이 무엇입니까?
12. 장로들이 성경 공부반을 감독하고 격려하는 일을 어떻게 합니까?

IV. 집사 직분자들에 관한 질문

(집사의 직무는 회중 가운데 자비의 봉사가 잘 진행되도록 돌보는 것이다. 회중 가운데 어려운 형편에 있는 사람들을 찾아보고 회중에게 자비를 베풀도록 권고하며, 하나님의 사랑의 선물을 그리스도의 이름으로 나누어 주고 격려, 위로하며, 성신 안에서 말과 행위로 일치와 교제를 증진하는 것이다.)

질문 :
1. 몇 명의 집사들이 있으며 이들로 충분합니까?
2. 집사들이 예배에 성실하게 참석하며, 당회와 함께 모이는 회의에도 성실하게 참석합니까?
3. 회중이 말과 행동으로 기쁘게 자비를 나타냅니까? 집사들은 회중에게 이를 어떻게 장려합니까?

4. 장애인 회원들, 노인들, 고아들, 독신자들(과부와 과수 포함), 실직자들에게도 관심을 기울입니까?
5. 집사 방문의 역할은 무엇입니까? 회중이 어떻게 받아들입니까?
6. 집사들이 따로 정기적인 모임을 갖습니까?(교회질서 42조)
7. 집사들은 자비 사역에 관하여 어떻게 회중에게 보고합니까?

V. 직분 일반

질문 :

1. 목사, 장로, 집사들은 모두 직분자 동의서약서에 서명함으로 "한국개혁교회 신앙고백"에 서명했습니까?(교회질서 26조)
2. 장로 집사들이 주기적으로 퇴임합니까?
3. 교회질서 25조에 따라 직분자들 간에 동등권이 유지됩니까?
4. 직분의 의무에 관하여 동등권이 유지됩니까?
5. 직무 수행에 있어서 각 직분들 간에 서로의 밀접한 접촉과 협력이 있습니까?
6. 장로와 집사들은 효과적인 직무 수행을 위해 어떻게 준비하고 자신을 갖춥니까?

VI. 정부당국과의 관계에 관한 질문

질문 :

1. 직분자들은 정부 당국에 돌려야 할 복종, 사랑, 존경을 전 회중에게 어떻게 인지하도록 합니까?(교회질서 28조)
2. 직분자들이 이 문제에 있어서 좋은 본을 보여줍니까?

3. 직분자들이 교회에 대한 정부당국의 호의를 확보하고 유지하기 위해 어떤 노력을 합니까?
4. 교회가 지역사회에 어떻게 알려집니까? 교회가 지역 사회에 알려지게 하기 위해 어떤 일을 합니까?

D. 교회 회의

I. 당회

교회질서에는 당회의 사역에 관해 몇 가지 규정이 있다. 이에 관해 다음 몇 가지 점들에 관해 질문한다.

질문 :
1. 당회 모임은 얼마나 자주 합니까?(교회질서 38, 39조)
2. 모든 당회 모임은 기도로 개회하고 폐회합니까?
3. 서기는 모든 중요한 문제에 대한 정확한 기록을 보존합니까?(교회질서 43조)
4. 당회에서는 교회적인 문제들만을 교회적인 방법으로 다룹니까?(교회질서 30조)
5. 당회의 결정에 회중이 가담합니까? 집사들과 함께 하는 당회가 회중과 함께 얼마나 자주 모입니까?(공동의회)
6. 집사가 참석하는 당회(확대 당회)에서 어떤 문제들이 다루어지며, 집사가 참석하지 않은 당회에서는 어떤 문제들이 다루어집니까?
7. 교회 기금과 권리증서 관리자가 별세하는 경우 오용이나 어려움이 발생되지 않도록 안전한 장소에 안전한 방법으로 보존되어 있습니까?
8. 교회의 공문서들은 안전하게 보존되어 있습니까?

9. 의무와 책임에 관한 분명한 임무를 받은 교회의 "재정관리위원회"가 있습니까?
10. 교회 재정이 회중에게 어떻게 알려집니까?
11. 교회 재정과 집사들의 기금이 충분한 관리 감독 하에 있습니까?
12. 교회는 선교사역에 어떤 방법으로 가담합니까?
13. 교회는 어떤 방법으로 전도에 가담합니까?
14. 당회는 회중이 개혁신앙을 증거하도록 격려하며, 이를 위해 어떤 노력을 합니까?
15. 다른 교회들과의 접촉이 있습니까? 있다면 어떤 수준의 접촉을 합니까?
16. 교회들간에 경계선이 분명하게 정해져 있고 당회는 이것을 지킵니까?

II. 광회(Major Assemblies)

질문 :
1. 개혁교회 연대에 속하고 있다는 사실이 회중에게 매우 중요하고 유익한 것으로 인정됩니까? 회중은 이 교회의 일치에 수반되는 특권과 의무를 압니까?
2. 당회는 교회질서를 교회들 간의 협력을 위한 규칙으로 잘 준수합니까?
3. 당회는 정당하게 제의된 문제들에 관한 광회(현재의 상황으로는 노회)의 결정을 확정적이고 구속력을 가진 것으로 생각합니까? 그 결정을 충실하게 집행합니까?
4. 당회는 광회에 의해 정해진 모든 분담금이 성실하게 지불되도록 합

니까?

E. 예배, 성례, 의식(결혼, 장례)

I. 예배

1. 매 주일 하나님의 말씀이 두 번 선포됩니까?(교회질서 52조)
2. 교회질서 52조를 따라 하이델베르그 교리문답을 설교합니까?
3. 주일에 한 예배 시에는 하나님의 열 가지 언약의 말씀을 선포하고, 다른 예배 시에는 사도신경을 고백합니까?
4. 이 교회는 누구에게 설교하도록 허락합니까? 오직 설교할 권위를 인정받은 목사들만이 설교합니까?
5. 예배 중 설교 대독시에 오직 한국개혁교회 목사들이 준비한 설교와 한국개혁교회가 공적으로 인정한 목사들이 준비한 설교만 사용합니까?
6. 교회질서 53조를 따라 교회기념일(성탄, 수난, 부활, 승천, 성령강림)을 지킵니까?

II. 성례:

세례
1. 성례는 교회질서 56조에 따라 시행됩니까?(당회의 직권 아래, 공 예배에서, 말씀 사역자가 집례, 교회에 의해 채택된 예식문 사용)
2. 거룩한 세례(유아세례)가 출생 후 가능한 한 빨리 시행됩니까?(교회질서 57조)

3. 유아 세례의 목적과 의미를 부모들이 잘 알고 유아세례에 임하도록 하기 위해 어떻게 합니까?
4. 당회는 부모들이 교회질서 58조를 따라 그들의 세례의 서약을 지키도록 어떤 노력을 합니까?
5. 당회는 개혁 교육을 지탱하고 확고히 하기 위해 회중을 어떻게 독려합니까?
6. 당회는 누구도 경솔하게 교회에 받아들여지지 않게 하기 위해서 어떤 주의를 기울입니까?(교회질서 59, 61조)

성만찬

1. 성찬을 얼마나 자주 베풉니까?(교회질서 60조)
2. 회중이 성찬 참여를 위해 어떤 준비를 합니까?
3. 당회는 성찬이 더럽혀지지 않도록 어떻게 합니까?(교회질서 22, 61조)
4. 당회는 비수찬회원들이 성찬 참여 허락을 요청하도록 격려합니까?(교회질서 59, 61조) 어떻게 격려합니까?
5. 당회는 성찬 참여 허락이 교회질서 59, 61, 62조와 일치되도록 주의를 기울입니까?
6. 장로들이 성찬에 참여하지 않은 자들을 방문합니까? 필요하면 그들을 신중하게 훈계합니까?(교회질서 22조)
7. 교회 회원들의 이름, 출생, 세례, 공적신앙고백, 혼인, 이적과 죽음에 대한 기록이 교적부에 정확하게 잘 정리되어 있습니까?(교회질서 64조)
8. 회중 가운데 수찬회원과 비수찬회원의 수는 각각 몇 명입니까?
9. 이명하는 수찬회원들에게 인증서를 발급합니까?(교회질서 62조)
10. 비수찬회원을 위한 인증서는 관련된 교회당회에 직접 보냅니까?

III. 의식

혼인
1. 당회는 교회 회원이 오직 주안에서만 혼인한다는 것을 확실하게 합니까?
2. 당회는 혼인이 하나님을 기쁘시게 하는 거룩한 제도이며 사람에 의해 파기되어서는 안 된다는 것을 회원들이 인식하도록 어떻게 합니까?
3. 당회는 목사가 하나님의 말씀에 일치한 혼인만을 주례하도록 확실히 합니까?
4. 혼인은 교회 회중 앞에 예고한 후에 집행합니까?
5. 당회는 강요된 혼인을 어떻게 다룹니까?
6. 당회는 비수찬회원이 혼인예식을 청원할 때 이를 어떻게 다룹니까?
7. 본 교회 회원과 다른 교회에 속한 분 사이의 혼인을 어떻게 다룹니까?

장례
1. 장례는 교회질서 65조에 따라 가정 사안으로 지킵니까?

F. 교회 권징

질문 :
1. 목사, 장로, 집사들이 서로 권고하고 충고하며 교회질서 73조를 따라 그리스도인의 견책을 시행합니까?
2. 교회의 회중이 주께서 주신 마태복음 18장 15-20절의 규칙을 따라 서로 감독하고 권징하는 일을 신실하게 시행합니까?
3. 당회는 교회질서 66-72조에 따라 회중에 대한 감독과 권징을 시행합

니까?

4. 당회는 지난 교회방문 이후 일어난 권징에 관해 알려 줍니까?
5. 당회는 지난 교회방문 이후 교회를 이탈한 자들에 관해 알려 줍니까?
6. 회중 가운데 당회가 조처를 취해야 할 현저한 죄가 있습니까?
7. 책벌 받은 회원이 회개하도록 하기 위해 어떻게 합니까? (교회질서 68, 69조)
8. 당회는 설교, 가르침, 방문을 통해 거짓 교회와 오류를 경계하고 물리칩니까?
9. 비성경적인 원리와 관례를 좇는 노동조합, 동업조합 등에 가담한 회원들에 대해 당회는 어떻게 합니까?(교회질서 68조)

장로 · 집사 선거 규칙

제1조 장로들과 집사들은 교회질서 3조를 따라 회중의 협력 하에 당회에 의해 선출한다.

제2조 10월 첫째 주에 당회는 회중에게 장로와 집사 직분에 합당한 자들을 지명 추천할 기회를 준다. 이 지명 추천은 적격성에 대한 추천 이유와 추천자 서명으로 받는다.

　　　10월 둘째 주에 당회는 후보자 명단을 작성한다. 이 명단은 궐위 공석수의 배수로 작성하며, 이들 중 궐위 직분자들을 수찬회원들이 선출한다.

　　　그 명단 작성을 위한 당회 직후 주일에 회중이 알도록 강단에서 공고한다.

제3조 그 다음 주일에 당회는 회중을 소집하여 당회의 지도 아래 기도한 후 선거한다.

제4조 이 회집에서 참석한 모든 수찬회원들은 참석자 명부에 서명한다.

제5조 선거를 하기 전 당회서기는 당회가 작성한 후보자들의 이름들을 거명한다. 그는 또한 이 규칙 가운데 4조, 6조. 12조를 낭독한다. 그는 선거 참여 회원 수와 투표자의 수를 정확하게 확인한다. 이 선거의 공개 보고를 통상적인 당회록에 기록하고 공식적으로 서명날인한다.

제6조 다음 a. b. 조건들이 맞으면 최다득표 후보자가 선출된 것으로 선언한다.

       a. 공석 수에 의해 분배된 유효 투표수의 과반수 득 표시.
       b. 득표수가 투표자들 수의 5분의 2 이상시.

제7조 비정상 투표지라도 선택 표시가 분명하면 유효하다. 두 명 중 한 명만 표시한 경우 그 한 명의 득표는 유효하다. 개표 전에 당선 최소 득표수를 결정한다(투표자들의 수의 5분의 2).

       투표 후 당선 후보자의 수가 공석에 미흡하면 정족수 미득표 후보자들을 대상으로 추가 투표한다. 이 추가 투표에서도 후보자가 선택되지 않으면 피택 후보자 수를, 최소 득표 후보자들을 제함으로, 궐위 공석의 수의 배로 줄인다.

제8조 당회는 선거 이후 최초 당회에서 각 당선된 후보자를 임명하고, 각인에게 그 임명을 알린다. 피임명자가 본인 임명의 해임을 요구하는 경우, 당회의 허락하에, 당회는 과반수를 득표한 차다득표 후보자를 임명한다(6조 a).

제9조 회중의 동의를 위해 임명된 형제들의 명단을 회중에게 공개한다. 아무런 합당한 반대가 제기되지 않으면 피임명자들은 장로 집사 임직 예식서를 따라 (12월 첫 주일에) 임직한다.

제10조 퇴임 직분자들은 당회가 그들의 유임을 교회에 유익된 것으로 생각하지 않는 한 다시 선출될 수 없다. 당회가 그들의 유임 필요시 당회는 회중에게 제시되는 후보자들의 명단에 그들의 이름을 올릴 수 있고, 혹은 당회가 그들의 직분의 임기를 연장할 수 있다.

제11조 직분자 궐위시 당회는 보궐선거 일정을 결정한다. 보궐선거시 앞에 언급한 특별한 일정을 제외하고는 이 규칙을 따른다.

       보궐 선거의 당선자들은 대치된 직분자의 임기의 남은 기간을 봉사한다. 그러나 그 기간이 일 년 미만이면 그들의 임기는 통상적인 3년으로 연장한다.

제12조 선거의 진행 과정에 대한 공식적인 이의는 동일한 회집에서 제기한다.

제13조 하시라도 당회는 제1조, 5조, 12조를 벗어나지 않는 한 이 규칙의 예외적 적용을 할 수 있다.